Thích Nhât Hanh
Lächle deinem eigenen Herzen zu

Band 4370

Das Buch

Ein weiser und sanfter Zen-Meister gibt in tief einfachen Texten eine Einführung in die Kunst, wirklich zu leben. Der weltberühmte buddhistische Mönch aus Vietnam zeigt, wie es jedem möglich sein kann, gerade im Alltag achtsamer und meditativer zu „sein" – sich nicht die „Zeit zu leben" von Streß, Hektik und Oberflächlichkeit stehlen zu lassen. Er ist wie ein wohlwollender Freund, der hilft, im eigenen Leben das Wesentliche zu finden: etwas, was nach innen und in die Tiefe führt. Übung von Achtsamkeit – so Thích Nhât Hanh – ist nicht etwas, was neben dem „normalen" Leben stünde. Im Sitzen, im Atmen, beim Gehen, in jeder Handlung, in allen Momenten des Lebens können wir Achtsamkeit üben – beim Abwaschen ebenso wie beim Holzhacken oder Teetrinken: „Wenn ihr abwascht, muß der Abwasch das Wichtigste auf der Welt sein. Und wenn ihr Tee trinkt, dann muß das Tee trinken das Wichtigste auf der Welt sein." Einfach leben – das ist die Essenz der Einsicht Thích Nhât Hanhs. Er zeigt, wie wir uns wandeln können, um so ein Vorbild für die Wandlung anderer zu sein. Der Zauber lächelnder östlicher Gelassenheit und buddhistischer Einsicht liegt in diesen Texten. Sie sind aber auch ein Weg zur Übung des Geistes, zur klaren Konzentration, zur Erfahrung von heilender Ruhe, zum Finden der eigenen Zeit, zum Akzeptieren auch des Leides, zum sehenden und offenen verantwortlichen Mitgefühl mit der Mitwelt – und damit zu einem sinnerfüllten Leben.

Der Autor

Thích Nhât Hanh, buddhistischer Mönch, Zen-Meister, Dichter und international engagierter Friedensaktivist aus Vietnam. Er ist Gründer der buddhistischen Van-Hanh-Universität in Saigon und Autor zahlreicher Bücher. Während des Vietnam-Krieges war er Vorsitzender der vietnamesisch-buddhistischen Friedensdelegation in Paris. Martin Luther King schlug ihn für den Friedensnobelpreis vor. Heute lebt Thích Nhât Hanh in der Gemeinschaft „Plum Village" in Frankreich.

Thích Nhât Hanh

Lächle deinem eigenen Herzen zu

Wege zu einem achtsamen Leben

Herausgegeben von Judith Bossert und
Adelheid Meutes-Wilsing

Herder
Freiburg · Basel · Wien

Gedruckt auf umweltfreundlichem,
chlorfrei gebleichtem Papier

Originalausgabe

Alle Rechte vorbehalten – Printed in Germany
© Verlag Herder Freiburg im Breisgau 1995
Lizenzausgabe mit freundlicher Genehmigung des Theseus-Verlags, Berlin
Herstellung: Freiburger Graphische Betriebe 1995
Umschlaggestaltung: Joseph Pölzelbauer
Umschlagmotiv: Utawaga Hirsohiga, Die Saruhashi-Brücke bei Kōyō
ISBN 3-451-04370-X

Inhalt

Einführung 7

Die Entdeckung des Großen Pfades 13

Der Weg der Achtsamkeit 35

Bewußt einatmen – bewußt ausatmen 59

Frieden finden in der Sonne des Herzens 71

Umarme deine Wut 81

Unsere Verabredung mit dem Leben 91

Mit dem Herzen verstehen 101

Friedensarbeit 113

Loslassen und einssein 125

Der Diamant, der die Illusionen zerschneidet 139

Quellenverzeichnis 154

Anschriften 156

Einführung

Auf dem Höhepunkt des Krieges in Vietnam wurde der buddhistische Mönch Thích Nhât Hanh aus Vietnam von der amerikanischen „Fellowship of Reconciliation" zu einer Rundreise durch die USA eingeladen. Nhât Hanh sollte die Hoffnungen und Qualen des vietnamesischen Volkes schildern, das keine Stimme hatte. Er kam damals, 1966, mit hunderten von Gruppen und Einzelpersonen zusammen, darunter mit dem „Falken", Verteidigungsminister McNamara, dem Bürgerrechtler Dr. Martin Luther King Jr. und dem Trappistenmönch Thomas Merton; in Europa begegnete er unter anderen auch Papst Paul VI. Ein Ergebnis seiner Freimütigkeit war, daß er nicht nach Vietnam zurückkehren konnte, weil ihm dort Verhaftung drohte; ein anderes, daß Martin Luther King den beeindruckenden Mönch aus Vietnam für den Friedensnobelpreis vorschlug. 1968 war Thích Nhât Hanh wieder auf einer Vortragsreise durch die USA. James Forest, der schon bei der ersten Reise in seiner Begleitung war, begleitete ihn auch diesmal. Er berichtet über seine Erfahrung im Nachwort zum Buch „Wunder der Achtsamkeit": „Fast überall, wohin der braungekleidete buddhistische Mönch aus Vietnam kam (er sah um vieles jünger aus als der Mitvierziger, der er war), entwaffnete er die Menschen, mit denen er zusammen kam. Nach einer Stunde wurde man nicht mehr losgelassen von der Schönheit Vietnams und war mit ihm voll Schmerz über Amerikas Intervention und die politischen und kulturellen Qualen des vietnamesischen Volkes. Plötzlich stand man ohne seine gewohnten politischen Loyalitäten da, die den Kampf der einen oder anderen Partei rechtfertigen und spürte dem Schrecken von bomberstarrenden Himmeln, niedergebrannten Häusern, verbrannten Menschen und von Kindern, die dem Leben ohne die Anwesenheit und Liebe von Eltern und Großeltern gegenüberstehen.

Eines Abends aber weckte Nhât Hanh bei einem Amerikaner kein Verständnis, sondern maßlosen Zorn. Er hatte im Saal einer wohlhabenden christlichen Kirche in einem Vorort von St. Louis gesprochen. Wie immer hatte er betont, daß die Amerikaner unbedingt aufhören sollten, das Land zu bombardieren und seine Menschen zu töten. Es gab Fragen und Antworten, und dann erhob sich ein Hüne von einem Mann und sprach mit harter Verachtung von dem ‚sogenannten Mitgefühl dieses Herrn Hanh'.

‚Wenn Ihnen Ihr Volk so am Herzen liegt, Herr Hanh, warum sind Sie dann hier? Wenn Sie sich so um die Verwundeten sorgen, warum verbringen Sie dann Ihre Zeit nicht mit ihnen?' An diesem Punkt setzt meine Erinnerung an seine Worte aus, und ich erinnere mich nur noch an die heftige Wut, die über mich kam.

Als er zu Ende gesprochen hatte, schaute ich voller Verwirrung auf Nhât Hanh. Was sollte er – oder irgend jemand anders – dazu sagen? Der Geist des Kriegers hatte plötzlich den Raum erfüllt, und man konnte kaum atmen.

Es herrschte Schweigen. Dann begann Nhât Hanh zu sprechen. Sanft, mit einer tiefen Ruhe, sogar mit einem Gefühl von persönlicher Sorge um den Mann, der ihn gerade verdammt hatte. Die Worte fielen wie Regen auf ein Feuer. ‚Wenn Sie möchten, daß ein Baum wächst', sagte er, ‚dann reicht es nicht, wenn Sie die Blätter gießen. Man muß der Wurzel Wasser geben. Viele Wurzeln des Krieges sind hier in diesem Land. Um den Menschen zu helfen, die bombardiert werden sollen, um sie vor diesem Leiden zu bewahren, bin ich hierher gekommen.'

Die Atmosphäre im Raum war wie verwandelt. In der Wut des Mannes hatten wir unsere eigene Wut erlebt. Wir hatten die Welt wie durch einen Bombenhagel gesehen. In Nhât Hanhs Antwort erfuhren wir von einer anderen Möglichkeit: der Möglichkeit (den Christen hier von einem Buddhisten und den Amerikanern von einem ‚Feind' nahegebracht), Haß durch Liebe zu überwinden, und die in der menschlichen Gesellschaft endlos scheinende Kettenreaktion von Gewalt zu durchbrechen. Es war die Botschaft des Lächelns, die zu uns drang, die im eigenen Herzen ihren Ursprung hat.

Nach dieser Antwort flüsterte Nhât Hanh dem Versammlungsleiter etwas zu und ging schnell aus dem Raum. Mit dem Gefühl, daß etwas verkehrt gelaufen war, folgte ich ihm nach draußen. Es war eine kühle, klare Nacht. Nhât Hanh stand auf dem Gehweg neben dem Parkplatz der Kirche. Er rang nach Luft – wie jemand, der unter Wasser geraten ist und es gerade noch geschafft hat, die Oberfläche zu erreichen, um nach Luft zu schnappen. Einige Minuten verstrichen, bevor ich es wagte, ihn nach seinem Befinden und dem, was geschehen war, zu fragen.

Nhât Hanh sagte, daß ihn die Bemerkung des Mannes sehr erregt habe. Er sei drauf und dran gewesen, ihm voller Ärger zu antworten. So habe er tief und sehr langsam durchgeatmet und nach einem Weg gesucht, voller Ruhe und Verständnis zu antworten. Das Atmen sei jedoch zu langsam und zu tief gewesen.

‚Warum sollst du keine Wut gegen ihn haben?' fragte ich, ‚auch Pazifisten haben ein Recht auf Wut.'

‚Wenn es nur um mich ginge, ja. Ich spreche hier aber für die vietnamesischen Bauern. Wir müssen unser Bestes geben.'

Dieser Augenblick war sehr wichtig für mein Leben. Ich habe immer wieder über ihn nachgedacht. Es war das erste Mal, daß ich verstand, daß es eine Verbindung gibt zwischen der Art und Weise, wie wir atmen und wie wir auf die Welt um uns herum reagieren.

Thích Nhât Hanh wurde 1926 in Vietnam geboren. Mit 16 Jahren trat er in ein buddhistisches Kloster der Rinzai-Zenschule in Zentral-Vietnam ein und wurde Mönch. Später war er als Abt dieses Klosters vorgesehen, doch folgte er einem anderen Ruf: Außerhalb des Klosters wütete seit 1945 ein blutiger Krieg in ganz Vietnam, und Nhât Hanh wurde Führer der buddhistischen gewaltfreien Friedensbewegung, dem sogenannten „dritten Weg".

Er gründete die „Schule der Jugend für soziale Dienste". Schon bald arbeiteten in dieser Schule hunderte junger vietnamesischer Buddhisten für ihre leidenden Mitbürger; die Kraft dazu erwuchs ihnen aus der Meditation, der Gewaltfreiheit und der daraus sich entwickelnden Liebe.

Es scheint, daß Gewaltfreiheit auf einige Menschen wirkt wie das rote Tuch auf einen blindwütigen Stier. Obwohl viele Schülerinnen und Schüler von ihren Lehren bewegt und inspiriert werden, leben die Verkünder und Führer der Gewaltlosigkeit immer in Gefahr. Jesus wurde ans Kreuz geschlagen, auf den Buddha wurden Mordanschläge verübt. Gandhi wurde ermordet, ebenso wie Martin Luther King. Als Thích Nhât Hanh 1966 durch die USA und verschiedene europäische Länder reiste, um für den Frieden zu wirken, wurden in Vietnam Mitglieder seiner Schule angegriffen und getötet. Es war offensichtlich, daß der Anschlag sich auch gegen Thích Nhât Hanh selbst richtete. So war es ihm nicht möglich, in seine Heimat zurückzukehren, auch nicht, nachdem am 27. Januar 1973 ein Friedensvertrag in Paris unterzeichnet worden war. Die antikommunistische Regierung sah in ihm einen Kommunisten, also einen Feind.

Der Frieden stand zwar auf dem Papier, aber der Krieg wurde weiter fortgesetzt, bis Ende April 1975 die Nordvietnamesen Südvietnam überrannt hatten und kontrollierten. Die daraufhin kommunistisch eingestellte Regierung betrachtete Thích Nhât Hanh ebenfalls als ihren Feind und tut dies noch heute, da der es ablehnt, sich auf eine der kämpfenden Parteien, welche es auch sein mag, einzulassen.

Nach Ende des Krieges versuchten Nhât Hanh und seine Mitarbeiter von der „Vietnamese Buddhist Peace Delegation" mit der Regierung von Hanoi zusammenzuarbeiten; sie boten über deren Botschaft in Paris an, im Westen Spenden für hungernde Kinder zu sammeln. Aber die Regierung lehnte dieses Angebot ab. Viele Jahre später reiste er nach Malaysia und Singapur im Bemühen, etwas für die Sicherheit der „boat people" im turbulenten Golf von Siam zu tun. Auch dieser Versuch wurde von verschiedenen Regierungen durchkreuzt. Ratlos, wie er weitermachen solle, begann er eine Periode des inneren Rückzugs. Mehr als fünf Jahre blieb Thích Nhât Hanh in seiner Einsiedelei in Frankreich, meditierte, schrieb, arbeitete im Garten von Plum

Village und empfing gelegentlich Besucher. Wie traurig dies auch objektiv sein mag, für uns westliche Menschen hat es eine segensreiche Wirkung: Da Nhât Hanh nun in Frankreich lebt, ist es möglich, ihn hin und wieder zu treffen, ihm entweder in persönlichem Kontakt oder in seinen Schriften zu begegnen. Er ist ein begnadeter Dichter und ein produktiver Schriftsteller, und so ist es uns möglich, in Berührung zu kommen mit seinen Ideen (die keine Theorien, sondern praktische Anwendungen sind), seinem Buddhismus, seiner Kultur und seiner Lebensweise. Seine Bücher und Gedichte sind nicht nur für Zen-Buddhisten von großem Interesse, sondern für alle, die sich in ihrem Leben von seiner Friedenskunst, von seiner Botschaft des Lächelns und der Liebe, inspirieren lassen möchten, die lernen wollen von der Kunst, glücklich zu sein. Immer wieder weist Thích Nhât Hanh, gerade wenn er vom Frieden spricht, darauf hin, wie wichtig es ist, Glück und Frieden in sich selbst zu finden, sich selber Freund zu werden. Die Kraft liebender Güte und friedvoller Zuwendung zu anderen hängt von der Kraft ab, mit der Menschen sich selber lieben können. Wer die Kunst gelernt hat, sich selber glücklich zu machen, die Energie der Zärtlichkeit, Fürsorge und Liebe sich selber zuzuwenden, der wird anderen nicht mehr mit Aggressivität oder mit Gleichgültigkeit begegnen. Er wird vielmehr gerade dadurch fähig, andere glücklich zu machen. Wir sollten unser Herz nicht vernachlässigen, indem wir nach Ruhm und Reichtum hetzen. „Lächle deinem eigenen Herzen zu", das ist eine Aufforderung zur Praxis der Liebe und Achtsamkeit im Alltag. Sie hat Konsequenzen für einen selber und für andere.

Judith Bossert begegnete Thích Nhât Hanh 1982 bei einem Vortrag in Amsterdam zum ersten Mal. Sie war begeistert von seiner Anleitung zur Gehmeditation, seinem Gedanken, daß das Wunder auf dieser Erde nicht darin besteht, auf dem Wasser zu wandeln, sondern auf der Erde zu gehen und lud ihn in ihr Zen-Zentrum Theresiahoeve in den Niederlanden ein. Nhât Hanh kam 1983 und in den folgenden Jahren und hielt dort, damals noch für eine handvoll Menschen, Besinnungstage ab.

Anfang 1964 wurde in Vietnam der Tiêp Hiên Orden gegründet. Judith Bossert – selbst seit 1984 Mitglied dieses Ordens und von Thích Nhât Hanh zu einer der ersten westlichen *Dharmacharyas* ernannt – erklärt im Nachwort zu dem Buch „Einssein": Inspiriert vom Boddhisattva-Ideal versuchen die Mitglieder des Tiêp Hiên Ordens sich selbst so zu formen, „daß die Gesellschaft sich zu mehr Einsicht und mehr Mitgefühl ändert". Hier spürt man den offenen Geist von Thích Nhât Hanh, der verstärkt wird in der ersten Ordensregel, in der die Mitglieder sich vornehmen, keine einzige Lehre, Theorie oder Ideologie – den Buddhismus eingeschlossen – zu vergötzen oder sich daran zu klammern. Nur bei wenigen religiösen Führern findet man eine derartige Distanz zur eigenen „Wahrheit", für die diese trotzdem alle Energie und ihren Lebensatem einsetzen.

Wir haben für den vorliegenden Band zentrale Texte dieses buddhistischen Meisters aus den im Theseus-Verlag erschienenen Büchern zusammengestellt. Dem Theseus-Verlag danken wir für die Erlaubnis zu dieser Zusammenstellung. Die hier vorgestellten Texte enthalten die Grundgedanken eines Übungsweges, der zwar im Buddhismus entstand, aber für alle friedliebenden Menschen gehbar ist und mit dem Lächeln beginnt, das dem eigenen Herzen gilt. Diesen Weg der Achtsamkeit und mitfühlenden Güte selber zu gehen, dazu möchten diese Texte inspirieren und einladen.

Zenklausen in der Eifel, Sommer 1995,
Judith Bossert und Adelheid Meutes-Wilsing

Wenn wir friedlich sind,
wenn wir glücklich sind,
können wir aufblühen wie eine Blume,
und jeder Mensch in unserer Familie,
in unserer ganzen Gesellschaft
wird von unserem Frieden gefördert.

Thích Nhât Hanh

Die Entdeckung des Großen Pfades

Die buddhistische Überlieferung ist konkret und anschaulich. Viele buddhistische Legenden und Geschichten erzählen, wie der Buddha zur Erleuchtung kam. Sie möchten den Leser einladen und inspirieren, es dem erhabenen Meister gleichzutun. Auch von Thích Nhât Hanh gibt es hinreißende Erzähltexte über Leben und Werk des Gautama Buddha. „Alter Pfad, weiße Wolke" heißt die von ihm verfaßte Lebensgeschichte, in der er Leben und Lehre des Siddharta (Buddha) aus der Sicht des Jungen Svasti berichtet. Dieser traf als Büffelhirte und Unberührbarer den Buddha unter dem Bodhi-Baum in Bodh Gaya, noch ehe dieser die vollkommene Erleuchtung erlangt hatte. Später, nachdem Svasti seine Geschwister großgezogen hatte, folgte er dem Buddha und wurde Mönch. So stellt Thích Nhât Hanh dem Leser aus der Perspektive der Kinder den Buddha Gautama vor. In dieser Geschichte klingen – immer im Blick auf die Gestalt des Gautama Buddha – in einfacher und anschaulicher Form bereits alle weiteren Motive der hier vorliegenden Textauswahl leitmotivisch an.

Ein Arm voll Kusagras

Vor dem Einschlafen saß Svasti noch eine Weile unter einem Bambus; er erinnerte sich an die Zeit, als er dem Buddha zum ersten Male begegnet war. Damals war er gerade elf Jahre alt; seine Mutter war vor kurzem gestorben und hatte die drei jüngeren Geschwister seiner Obhut überlassen. Für seine jüngste Schwester, noch ein Säugling, gab es keine Milch zu trinken. Da stellte ihn glücklicherweise ein Mann aus dem Dorf – sein Name war Rambhul – an, seine Wasserbüffel zu hüten – vier ausgewachsene Büffel und ein Kalb. So war Svasti in der Lage, jeden Tag eine Büffelkuh zu melken und seiner kleinen Schwester die Milch zu geben. Mit größter Sorgfalt hütete er die Wasserbüffel, denn er wußte, er durfte diese Arbeit nicht verlieren, sonst würden seine Geschwister hungern. Seit dem Tod des Vaters war ihr Dach noch nicht wieder ausgebessert worden, und wenn es regnete, mußte Rupak schnell Gefäße unter die großen Löcher stellen, um das Regenwasser aufzufangen. Bala war erst sechs Jahre alt, doch hatte sie schon lernen müssen, zu kochen, auf die kleine Schwester aufzupassen und im Wald Feuerholz zu sammeln. Obwohl sie noch ein kleines Kind war, konnte sie schon das Mehl kneten, um Chappattis für ihre Geschwister daraus zu machen. Ganz selten nur konnten sie sich ein wenig Currypulver leisten. Immer, wenn Svasti die Büffel zurück in ihren Stall führte, ließ ihm der aufsteigende Curryduft, der aus Rambhuls Küche zu ihm herüberwehte, das Wasser im Munde zusammenlaufen. Seit dem Tod des Vaters waren Chappattis, eingetaucht in eine Currysauce mit Fleisch, ein ihnen unbekannter Luxus geworden.

Die Kleider der Kinder waren kaum mehr als Fetzen. Svasti besaß nur ein abgetragenes Lendentuch. War es kalt, so wickelte er ein altes braunes Tuch um seine Schultern. Es war verschlissen und verblichen, doch für ihn war es kostbar.

Svasti mußte stets gute Weideplätze für die Büffel finden, denn Herr Rambhul würde ihn schlagen, wenn er sie hungrig in ihren Stall zurückbrächte. Zusätzlich mußte er jeden Abend eine ansehnliche Menge Gras mitbringen, das die Büffel während der Nacht fressen konnten. An Abenden, an denen es besonders viele Moskitos gab, entfachte Svasti ein Feuer, um sie durch den Rauch zu vertreiben. Alle drei Tage bezahlte ihn Rambhul mit Reis, Mehl und Salz. Manchmal konnte Svasti auch ein paar Fische mit nach Hause bringen, die er im Fluß gefangen hatte, und Bhima bereitete sie dann zu.

Eines Nachmittags, er hatte die Büffel gebadet und Gras geschnitten, verspürte er Lust, noch einen ruhigen Moment allein im kühlen Wald zu verbringen. So ließ er die Büffel weiter am Waldesrand grasen und sah sich nach einem großen Baum um, an den er sich lehnen konnte. Plötzlich hielt er inne. Da war ein Mann, kaum mehr als zwanzig Fuß entfernt, der still unter einem Pippala-Baum saß. Svasti starrte ihn verwundert an. Niemals zuvor hatte er jemanden gesehen, der so schön sitzen konnte. Der Rücken des Mannes war vollkommen aufrecht, und seine Füße ruhten anmutig auf seinen Oberschenkeln. Die Haltung wirkte äußerst stabil und drückte große Entschlossenheit aus. Seine Augen schienen halb geschlossen, und seine gefalteten Hände ruhten leicht in seinem Schoß. Er trug eine verblichene gelbe Robe, bei der eine Schulter unbedeckt blieb. Sein ganzer Körper strahlte Frieden, Klarheit und Erhabenheit aus. Schon dieser eine Blick auf ihn hatte Svasti wunderbar erfrischt. Sein Herz bebte. Er verstand nicht, wie er so viel für jemanden empfinden konnte, den er nie zuvor gesehen hatte, doch er blieb, in tiefem Respekt, für einen langen Augenblick unbeweglich stehen.

Dann öffnete der Mann seine Augen. Zunächst sah er Svasti noch nicht; er nahm seine Beine auseinander und massierte sanft die Knöchel und die Fußsohlen. Dann stand er langsam auf und begann zu gehen. Doch weil er in die entgegengesetzte Richtung ging, erblickte er Svasti noch immer nicht. Ohne einen Laut von sich zu geben, beobachtete Svasti nun, wie der Mann langsame, ruhige, ganz entspannte Schritte auf dem Waldboden machte. Nach sieben oder acht Schritten drehte der Mann sich um – und in diesem Augenblick sah er Svasti.

Er lächelte den Jungen an. Noch niemand hatte Svasti mit solch sanfter Nachsicht angelächelt. Wie von einer unsichtbaren Kraft gezogen, lief Svasti auf den Mann zu, aber wenige Schritte vor ihm blieb er plötzlich wie angewurzelt stehen, denn ihm fiel ein, daß er ja nicht das Recht besaß, sich irgendjemandem aus einer höheren Kaste zu nähern.

Svasti war ein ‚Unberührbarer'. Er gehörte keiner der vier sozialen Kasten an. Sein Vater hatte ihm erklärt, daß die *brahmana*-Kaste die höchste Kaste war und daß Menschen, in diese Kaste hineingeboren, Priester und Lehrer wurden, die die *veda* und andere Schriften lesen und verstehen konnten und den Göttern opferten. Als Brahma die menschliche Rasse schuf, entsprangen die Brahmanen seinem Mund. Die *ksatriya* waren die nächst höhere Kaste. Männer dieser Kaste hatten politische und militärische Positionen inne, denn sie entsprangen Brahmas Händen. Die aus der *vaisya*-Kaste waren Händler, Bauern und Handwerker, und sie waren Brahmas Schenkeln entsprungen. Die aus der *sudra*-Kaste waren Brahmas Füßen entsprungen, und sie gehörten zur niedersten der vier Kasten. Sie verrichteten nur die körperlichen Arbeiten, die nicht von Menschen höherer Kasten ausgeführt wurden. Doch Svastis Familienmitglieder waren ‚Unberührbare' – sie gehörten überhaupt keiner Kaste an. Sie mußten ihre Wohnstätten außerhalb der Dorfgrenzen errichten, und sie verrichteten nur die allerniedrigsten Arbeiten wie Müllsammeln, Dungstreuen, Straßenbauen, Schweinefüttern und Büffelhüten. Jeder Mensch mußte die Kaste, in die er hineingeboren wurde, akzeptieren. Die heiligen Schriften lehrten, daß Glücklichsein die Fähigkeit war, die eigene Stellung anzunehmen.

Wenn ein Unberührbarer wie Svasti einen Menschen aus einer höheren Kaste berührte, so schlug dieser ihn üblicherweise. In Uruvela war ein Mann schwer geprügelt worden, weil er einen Brahmanen mit der Hand berührt hatte. Ein Brahmane oder ein Ksatriya, der von einem Unberührbaren berührt worden war, galt als beschmutzt und mußte zu Hause mehrere Wochen fasten und Buße tun, um sich wieder zu reinigen. Immer, wenn Svasti die Büffel zurück in ihren Stall führte, gab er sich große Mühe, weder auf der Straße noch außerhalb von Rambhuls Haus nahe an einer Person aus einer höheren Kaste vorbeizugehen. Svasti schien es, daß selbst die Büffel vom Glück begünstigter waren als er, denn ein Brahmane konnte einen Büffel berühren, ohne daß ihn dies beschmutzt hätte. Und ein Unberührbarer konnte selbst dann erbarmungslos geschlagen werden, wenn ihn ohne sein Zutun eine Person höherer Kaste zufällig streifte.

Nun stand hier vor Svasti ein höchst ansehnlicher Mann, und sein ganzes Verhalten zeigte deutlich, daß sie nicht von gleicher sozialer Herkunft waren. Sicherlich würde ihn jemand, der so sanft und nachsichtig lächelte, nicht schlagen, selbst wenn Svasti ihn nun berührte, doch Svasti wollte nicht die Beschmutzung eines so ungewöhnlichen Menschen verursachen. Daher stand er wie erstarrt da, als dieser Mann und er noch ein paar Schritte voneinander entfernt waren. Der Mann bemerkte Svastis Zögern und ging auf ihn zu. Svasti wich nun zurück, um eine Berührung mit diesem Mann zu vermeiden, doch dieser war schneller, und ehe Svasti sich versah, hatte der Mann ihn mit der linken Hand an der Schulter berührt. Mit der rechten Hand gab er Svasti einen leichten Klaps auf den Kopf. Noch niemand hatte ihn so sanft und liebevoll am Kopf berührt, und doch fühlte er sich plötzlich von panischer Angst erfaßt.

„Kind, hab doch keine Angst", sagte der Mann da mit sanfter und beruhigender Stimme.

Beim Klang dieser Stimme schwand Svastis Furcht. Er hob seinen Kopf und sah staunend, wie freundlich und nachsichtig der fremde Mann lächelte. Nach einem Moment des Zögerns stammelte er: „Herr, ich mag dich sehr."

Der Mann hob mit seiner Hand Svastis Kinn etwas in die Höhe und sah dem Jungen in die Augen. „Und ich mag dich auch. Lebst du hier in der Nähe?"

Svasti antwortete nicht. Er nahm die linke Hand des Mannes in seine beiden Hände und stellte die Frage, die ihn die ganze Zeit so sehr beunruhigte: „Wenn ich dich berühre, bist du dann nicht beschmutzt?"

Der Mann lachte und schüttelte seinen Kopf. „Überhaupt nicht, Kind. Du bist ein menschliches Wesen, genauso wie ich.

Du kannst mich nicht beschmutzen. Hör nicht auf das, was die Leute dir erzählen."

Er nam Svastis Hand und wanderte mit ihm zum Waldesrand. Friedlich grasten dort noch immer die Wasserbüffel. Der Mann blickte Svasti an und fragte: „Hütest du diese Büffel? Und das muß das Gras sein, das du für sie zum Abendessen schneidest? Wie heißt du? Ist dein Haus hier in der Nähe?"

Höflich antwortete Svasti: „Ja, Herr, für diese vier Büffel und dieses eine Kalb sorge ich, und dieses Gras habe ich geschnitten. Mein Name ist Svasti, und ich lebe auf der anderen Seite des Flusses, direkt hinter dem Dorf Uruvela. Bitte, Herr, sag mir, wie ist dein Name und wo lebst du? Kannst du mir das sagen?"

Der Mann antwortete freundlich: „Natürlich kann ich das. Ich heiße Siddhartha, und meine Heimat liegt sehr weit von hier entfernt, doch im Moment lebe ich hier im Wald."

„Bist du ein Einsiedler?"

Siddhartha nickte. Svasti wußte, daß Einsiedler normalerweise oben in den Bergen lebten und meditierten.

Obwohl sie sich gerade erst kennengelernt und nicht mehr als ein paar Worte miteinander gesprochen hatten, empfand Svasti eine tiefe Verbindung zu seinem neuen Freund. In Uruvela hatte ihn noch niemand in so freundlicher Weise behandelt und mit solcher Wärme zu ihm gesprochen. Ein großes Glücksgefühl stieg in ihm auf, und er wollte seiner Freude so gerne Ausdruck verleihen. Wenn er nur etwas bei sich hätte, das er Siddharta schenken könnte? Aber in seiner Tasche war nicht die kleinste Münze, nicht einmal ein Stück Zuckerrohr oder ein Bonbon. Was könnte er ihm nur geben? Er hatte nichts, und so nahm er all seinen Mut zusammen und sagte:

„Herr, ich möchte dir so gern etwas schenken, aber ich habe nichts."

Siddhartha sah Svasti an und lächelte. „Doch, doch, du hast etwas, das ich sehr gerne hätte."

„Ich habe etwas?"

Siddhartha zeigte auf den Haufen Kusagras. „Dieses Gras, das du für die Büffel geschnitten hast, ist weich, und es riecht gut. Wenn du mir davon etwas abgeben könntest, kann ich mir für meine Meditation unter dem Baum ein Sitzkissen machen. Das würde mich sehr glücklich machen."

Svastis Augen leuchteten auf. Er lief zu dem Grashaufen, raffte mit seinen dünnen Armen ein großes Bündel zusammen und reichte es Siddhartha. „Ich habe dieses Gras gerade unten am Fluß geschnitten. Bitte, nimm es an! Für die Büffel kann ich leicht noch mehr schneiden."

Siddhartha legte seine Hände zusammen, so daß sie eine Lotusblüte formten, und nahm das Geschenk an. Er sagte: „Du bist ein sehr freundlicher Junge. Ich danke dir. Geh nun und schneide noch Gras für deine Büffel, bevor es zu spät wird. Und wenn es dir möglich ist, so komm doch morgen nachmittag wieder und besuche mich im Wald."

Der kleine Svasti verbeugte sich zum Abschied und sah zu, wie Siddhartha wieder im Wald verschwand. Er nahm seine Sichel und machte sich zum Ufer auf; sein Herz war von den glühendsten Empfindungen erfüllt. Es war früher Herbst. Das Kusagras war noch weich, und seine Sichel war erst kürzlich geschärft worden. So dauerte es gar nicht lange, bis Svasti wieder einen großen Arm voll Kusagras geschnitten hatte.

Svasti leitete die Büffel an einer flachen Stelle durch die Neranjara, um sie zu Rambhuls Haus zurückzubringen. Das Kalb verließ nur zögernd das süße Gras am Ufer, und Svasti mußte ihm gut zureden. Das Grasbündel auf seiner Schulter war nicht schwer, und so watete Svasti mit den Büffeln durch den Fluß.

Eine Schale Milch

Jeden Tag ging Svasti in den Wald, um Siddhartha zu besuchen. Hatte er bis zum Mittag schon zwei Bündel Gras geschnitten, so aß er mit Siddhartha. Doch als die trockene Jahreszeit andauerte und das frische Gras immer spärlicher wurde, war es oft schon später Nachmittag, bevor er seinen Freund und Lehrer besuchen konnte. Manchmal saß Siddhartha in Meditation, wenn Svasti ankam. Der Junge setzte sich für einen kurzen Moment dazu und verließ dann den Wald wieder, denn er wollte die Meditation seines Lehrers nicht stören. Sah er jedoch, daß Siddhartha langsam den Waldpfad entlang ging, schloß er sich ihm an, und manchmal unterhielten sie sich dabei ein wenig. Gelegentlich traf Svasti auch Sujata im Wald. Sie brachte Siddhartha jeden Tag ein Reisbällchen mit einer Zutat – Sesamsalz, Erdnüsse oder ein wenig Curry. Sie brachte ihm auch Milch, Reisbrei oder eine Süßigkeit. Die Kinder hatten oft Gelegenheit, miteinander am Waldesrand zu sprechen, während die Büffel dort grasten. Manchmal brachte Sujata ihre Freundin Supriya mit, ein junges Mädchen in Svastis Alter. Svasti wünschte sich, sein Bruder und seine Schwestern würden auch einmal mitkommen und Siddhartha kennenlernen. Er war sicher, daß sie den Fluß an seiner flachsten Stelle ohne Mühe durchqueren konnten.

Sujata erzälte Svasti, wie sie Siddhartha vor einigen Monaten zum ersten Mal getroffen hatte, und daß sie ihm seitdem täglich um die Mittagszeit etwas zu essen brachte. Es war damals ein Vollmondtag gewesen. Auf den Wunsch ihrer Mutter hatte sich Sujata einen feinen, rosafarbenen Sari angezogen; und sie ging mit einem Tablett voller Speisen, die sie den Waldgöttern opfern sollte, in den Wald. Es gab Kuchen, Milch, Zuckerstückchen und Honig. Die Mittagssonne brannte. Als Sujata sich dem Fluß näherte, sah sie einen Mann bewußtlos auf der Straße liegen. Sie setzte ihr Tablett ab und lief zu ihm hin. Er atmete kaum noch, und seine Augen waren fest geschlossen. Seine Wangen waren ganz eingefallen und zeigten, daß der Mann schon lange nichts mehr gegessen haben mußte. Seine Haare waren lang, sein Bart verfilzt, die Kleidung zerlumpt, und Sujata erkannte sofort, daß dies ein Bergasket war, der vor Hunger in Ohnmacht gefallen war. Ohne zu zögern, füllte sie eine Schale mit Milch und führte sie an die Lippen des Mannes; dann benetzte sie seine Lippen mit einigen Tropfen Milch. Zunächst reagierte der Mann nicht, dann aber zitterten seine Lippen und öffneten sich leicht. Ganz langsam flößte Sujata die Milch in seinen Mund. Er begann zu trinken, und schon nach kurzer Zeit war die Schale leer. Sujata setzte sich an das Ufer des Flusses, und beobachtete, ob der Mann wieder zu Bewußtsein kam. Ja, er setzte sich langsam auf und öffnete seine Augen. Als er Sujata sah, lächelte er. Er legte das Ende seines Gewandes über die Schulter, verschränkte die Beine und saß nun in der Lotusposition. Er atmete, zunächst noch ganz flach, doch dann wurden seine Atemzüge tiefer. Er saß ganz aufrecht – ein schöner Anblick. Sujata glaubte gar, nun doch einen Berggott vor sich zu haben. Sie legte ihre Handflächen zusammen und warf sich vor ihm nieder, doch der Mann bedeutete ihr, damit einzuhalten. So setzte sich Sujata nieder, und mit sanfter, weicher Stimme sagte der Mann: „Kind, bitte gib mir noch etwas Milch."

Glücklich, ihn sprechen zu hören, füllte Sujata erneut die Schale, und wieder trank er sie leer. Er fühlte, wie die Milch ihm seine Lebensgeister zurückgab. Noch vor kaum einer Stunde hatte er geglaubt, seine letzten Atemzüge zu tun. Nun strahlten seine Augen, und er lächelte freundlich. Sujata fragte ihn, wie es gekommen sei, daß er auf der Straße das Bewußtsein verlor.

„Ich meditiere seit langem in den Bergen. Durch strenge, harte asketische Disziplin ist mein Körper ganz schwach geworden. So beschloß ich heute, ins Dorf hinunterzugehen und um Nahrung zu betteln. Aber auf dem Weg hierher habe ich all meine Kraft verloren. Du hast mein Leben gerettet."

So saßen sie nun zusammen am Flußufer und der Mann erzählte Sujata von seinem Leben. Er hieß Siddhartha und war der Sohn eines Königs, der über das Land der Sakya regierte. Sujata hörte aufmerksam zu, als Siddhartha zu ihr sagte: „Ich habe erfahren, daß es nicht hilft, den Körper zu mißhandeln, um Frieden und Einsicht zu finden. Der Körper ist kein bloßes Werkzeug. Es ist der Tempel des Geistes oder das Floß, mit dem wir zum anderen Ufer übersetzen. Ich werde mich nicht länger selbst kasteien; ich werde jetzt jeden Morgen ins Dorf gehen und um Nahrung betteln."

Sujata legte ihre Handflächen zusammen. „Ehrwürdiger Einsiedler, wenn du erlaubst, werde ich dir jeden Tag etwas zu essen bringen. Du brauchst deine Meditationspraxis nicht zu unterbrechen. Ich wohne nicht weit entfernt von hier, und ich weiß, daß meine Eltern sich für mich freuen werden, wenn ich dir deine Mahlzeiten bringen kann."

Siddhartha schwieg für einen Moment. Dann antwortete er: „Ich nehme dein Angebot gerne an. Doch von Zeit zu Zeit möchte ich auch selbst ins Dorf gehen und betteln, um die Dorfbewohner zu treffen. Auch möchte ich gern deine Eltern und andere Kinder aus dem Dorf kennenlernen."

Sujata war sehr glücklich. Sie legte ihre Handflächen zusammen und verbeugte sich in Dankbarkeit. Der Gedanke, daß Siddharta ihr Heim besuchen und ihre Eltern kennenlernen würde, war wundervoll. Sie wußte auch, daß es nicht schwierig wäre, ihm jeden Tag Essen zu bringen, denn ihre Familie gehörte zu den wohlhabendsten im Dorf. Dies hatte sie Siddhartha gegenüber bisher nicht erwähnt. Sie verstand nur, daß dieser Mönch wichtig war und daß es hilfreicher sein würde, ihn mit Essen zu versorgen, als Dutzende von Gaben den Waldgöttern zu opfern. Wenn Siddharthas Meditation sich vertiefte, so fühlte sie, könnten seine Liebe und sein Verstehen helfen, viel Leiden in der Welt zu lindern.

Siddhartha zeigte auf den Dangsiri-Berg, in dessen Höhlen er gelebt hatte. „Von heute an will ich dort nicht mehr leben. Dieser Wald hier ist kühl und erholsam. Es gibt da einen prächtigen Pippala-Baum – das wird der Ort meiner Übung sein. Wenn du mir morgen etwas zu essen bringst, komm bitte dorthin. Ich werde dir den Platz zeigen."

Siddhartha führte Sujata durch den Fluß und hinüber in den kühlen Wald, der an das andere Flußufer grenzte. Er zeigte ihr den Pippala-Baum, unter dem er meditieren wollte. Sujata bewunderte den wuchtigen Stamm, und sie hob den Kopf, um die dicht belaubten Äste zu betrachten, die sich so ausbreiteten, daß sie ein riesiges Schutzdach bildeten. Es war eine Art Banyan-Baum; die Blätter waren wie Herzen geformt und liefen am Ende spitz zu – Blätter so groß wie Sujatas Hand. Sie lauschte den Vögeln, die glücklich inmitten der Zweige zwitscherten. Dies war wirklich ein friedvoller und erholsamer Ort! Sie war mit ihren Eltern sogar schon einmal hiergewesen, um den Waldgöttern zu opfern.

„Das ist also dein neues Zuhause, Lehrer!" Sujata sah Siddhartha mit ihren runden schwarzen Augen an. „Ich werde dich jeden Tag hier besuchen."

Siddhartha nickte. Er geleitete sie wieder aus dem Wald heraus und verabschiedete sich am Flußufer von ihr. Dann kehrte er allein zum Pippala-Baum zurück.

Von diesem Tag an brachte Sujata nun immer, kurz bevor die Sonne Schatten zu werfen begann, Reis oder Chappattis, um sie dem Mönch zu reichen. Manchmal hatte sie auch noch Milch oder eine Süßigkeit dabei. Ab und zu ging Siddhartha auch mit seiner Bettelschale ins Dorf. Er lernte Sujatas Vater, den Dorfvorsteher, kennen, und auch ihre Mutter, die an diesem Tage einen wunderschönen gelben Sari trug. Sujata stellte Siddhartha auch den anderen Dorfkindern vor; sie nahm ihn mit zum Barbier, der ihm Haare und Bart abrasierte. Siddhartha erholte sich rasch, und er erzählte Sujata, daß seine Meditationspraxis beginne, Früchte zu tragen. Dann kam der Tag, an dem Sujata Svasti begegnete.

An diesem Tag war sie bereits früh gekommen. Siddhartha erzählte ihr von seiner Begegnung mit Svasti am Vortage, und gerade als sie sagte, daß sie ihn auch gern einmal kennenlernen würde, erschien Svasti selbst. Später vergaß Sujata nie, wann immer sie Svasti traf, nach seiner Familie zu fragen. Sie besuchte ihn sogar mit ihrer Dienerin Purna in seiner Hütte. Purna war von Sujatas Eltern als Haushaltshilfe eingestellt worden, nachdem ihre Vorgängerin Radha an Fleckfieber gestorben war. Bei ihren Besuchen brachte Sujata gebrauchte Kleidungsstücke mit, die Svastis Familie gut brauchen konnte. Und zu Purnas großer Überraschung hielt Sujata die kleine Bhima in ihren Armen. Später allerdings warnte sie Purna, ihren Eltern etwa davon zu erzählen, daß sie ein Kind der Unberührbaren in den Armen gehalten hatte.

Eines Tages beschlossen mehrere Kinder, gemeinsam Siddhartha zu besuchen. Alle Geschwister Svastis kamen. Sujata brachte ihre Freundinnen Balagupta, Vijayasena, Ulluvillike und Jatilika mit. Sie hatte auch ihre Cousine Nandabala eingeladen, die mit ihren beiden jüngeren Brüdern Nalaka und

Subash kam. Nalaka war vierzehn und Subash neun Jahre alt. Elf Kinder saßen im Halbkreis um Siddhartha und aßen schweigend zu Mittag. Svasti hatte zuvor Bala und Rupak gezeigt, wie man mit ruhiger Würde ißt. Selbst die kleine Bhima, die auf Svastis Knien saß, aß ohne ein Geräusch mit weit geöffneten Augen.

Svasti hatte für Siddhartha einen Armvoll frisches Gras mitgebracht. Seinen Freund Gavampati, auch ein Büffelhirt, hatte er gebeten, auf die Büffel von Herrn Rambhul aufzupassen, damit auch er mit Siddhartha essen konnte. Die Sonne brannte auf die Felder herab, doch innerhalb des Waldes fühlten Siddhartha und die Kinder sich durch den kühlen Schatten des Pippala-Baumes angenehm erfrischt. Seine belaubten Äste erstreckten sich über eine Fläche, die größer war als ein Dutzend Hütten. Die Kinder teilten das Essen miteinander, und besonders Rupak und Bala genossen die Chappattis mit Curry und den duftenden, weißen Reis mit Erdnüssen und Sesamsalz. Sujata und Balagupta hatten für alle genügend Wasser zum Trinken mitgebracht. Svastis Herz floß über vor Glück. Die Atmosphäre war so friedlich und ruhig, so voller Freude! An diesem Tag erzählte Siddhartha auf Sujatas Wunsch die Geschichte seines Lebens. Die Kinder lauschten hingerissen von Anfang bis Ende.

Die Mandarine der Achtsamkeit

Als Sujata Siddhartha an diesem Mittag das Essen brachte, saß er unter dem Pippala-Baum, und sie fand ihn schön wie einen jungen Morgen. Sein Gesicht und sein Körper strahlten Frieden, Freude und Gleichmut aus. Hunderte Male schon hatte sie ihn unter dem Pippala-Baum sitzen sehen – ernst und erhaben –, aber heute war noch etwas anderes um ihn. Als sie Siddhartha betrachtete, fühlte Sujata, daß all ihr Kummer und ihre Sorgen dahinschwanden. Glück, so erfrischend wie ein leichter Wind im Frühling, erfüllte ihr Herz. Sie fühlte, daß es nichts weiter gab, was sie auf dieser Erde wollte oder brauchte, daß alles im Universum bereits gut und wohltuend war, und daß niemand mehr verzweifeln oder sich sorgen mußte. Sujata lief ein paar Schritte weiter und stellte das Essen vor Siddhartha auf den Boden. Sie verbeugte sich vor ihm. Sie fühlte, daß der Frieden und die Freude, die in Siddhartha waren, nun auch auf sie übergingen.

Siddhartha lächelte sie an und sagte: „Komm, setz dich zu mir! Ich danke dir, daß du mir in den vergangenen Monaten Speise und Wasser gebracht hast. Heute ist der glücklichste Tag meines Lebens, denn ich habe in der letzten Nacht den Großen Weg gefunden. Bitte, freu auch du dich über dieses Glück! Bald werde ich alle anderen diesen Pfad lehren."

Sujata sah überrascht auf. „Du willst fortgehen? Du meinst, daß du uns verlassen willst?"

Siddhartha lächelte freundlich. „Ja, ich muß fortgehen, aber ich werde euch Kinder nicht im Stich lassen. Und bevor ich gehe, will ich euch den Weg zeigen, den ich entdeckt habe."

Sujata fühlte sich aber nicht wieder beruhigt. Sie wollte noch viel mehr fragen, aber er sprach weiter: „Ich werde noch einige Tage bei euch Kindern bleiben, um das mit euch zu teilen, was ich erfahren habe. Erst dann will ich mich auf den Weg machen. Aber das bedeutet nicht, daß ich für immer von euch getrennt sein werde. Von Zeit zu Zeit komme ich zurück und besuche euch."

Nun fühlte sich Sujata getröstet. Sie setzte sich nieder und öffnete das Bananenblatt, um den Reis, den sie mitgebracht hatte, auszuwickeln. Still saß sie neben Siddhartha, während er aß. Sie beobachtete, wie er kleine Reisstückchen abbrach und in das Sesamsalz tauchte, und ihr Herz war von unbeschreiblichem Glück erfüllt.

Als Siddhartha mit dem Essen fertig war, bat er Sujata, wieder nach Hause zu gehen. Er erzählte ihr, daß er sich am Nachmittag mit den Dorfkindern hier im Wald treffen wolle.

An diesem Nachmittag kamen viele Kinder, auch Svastis Bruder und seine Schwestern. Die Jungen hatten alle gebadet und trugen saubere Kleidung. Die Mädchen hatten ihre schönsten Saris angezogen. Sujatas Sari war elfenbeinfarben; Nandabala trug einen Sari, der die Farbe eines Bananenschößlings hatte, und Bhimas Sari war rosafarben. Die Kinder saßen um den Buddha herum unter dem Pippala-Baum, und sie sahen so frisch und farbenfroh aus wie ein Strauß Blumen.

Sujata hatte als besonderen Festschmaus einen Korb mit Kokosnüssen und Palmenzuckerstücken mitgebracht. Die Kinder schälten das wohlschmeckende Kokosfleisch heraus und aßen es mit dem köstlichen Zucker. Nandabala und Subash hatten einen Korb voller Mandarinen mitgebracht. So saß Siddhartha mit den Kindern da, und sein Glück war vollkommen. Rupak reichte ihm auf einem Pippala-Blatt ein Stück Kokosnuß mit etwas Palmenzucker. Nandabala bot ihm eine Mandarine an. Siddhartha nahm gern ihre Gaben an und aß mit den Kindern.

Sie genossen noch ihre Mahlzeit, als Sujata plötzlich eine Ansage machte: „Liebe Freunde, liebe Freundinnen, heute ist der glücklichste Tag, den unser Lehrer je erlebt hat. Er hat den Großen Weg entdeckt. Ich fühle, daß dies auch für mich ein großer Tag ist. Brüder und Schwestern, laßt uns diesen Tag als einen Tag des großen Jubels für uns alle ansehen! Wir sind heute hier, um die Erleuchtung unseres Lehrers zu feiern. Verehrter Lehrer, der Große Pfad ist gefunden! Wir wissen, daß du nicht für immer bei uns bleiben kannst. Bitte, lehre uns die Dinge, von denen du glaubst, daß wir sie verstehen können!"

Sujata legte ihre Handflächen zusammen und verbeugte sich vor Gautama, um ihre Ehrerbietung und Hingabe auszudrükken. Auch Nandabala und die anderen Kinder legten ihre Handflächen zusammen und verbeugten sich, um ihre tiefe, aufrichtige Achtung zu bekunden.

Ruhevoll bedeutete Siddhartha den Kindern, sich wieder hinzusetzen, dann sagte er: „Ihr seid alles intelligente Kinder, und ich bin sicher, daß ihr die Dinge, die ich mit euch teilen möchte, verstehen und üben könnt. Der Große Pfad, den ich entdeckt habe, ist tiefgründig und subtil, doch die, die willens sind, ihr Herz und ihren Geist darauf zu richten, können ihn verstehen und ihm folgen.

Kinder, wenn ihr eine Mandarine schält, dann könnt ihr sie

mit Achtsamkeit essen oder ohne Achtsamkeit. Eßt ihr eine Mandarine achtsam, so ist euch bewußt, daß ihr eine Mandarine eßt. Ihr erfahrt vollkommen ihren lieblichen Duft und ihren süßen Geschmack. Schält ihr die Mandarine, so wißt ihr, daß ihr eine Mandarine schält. Nehmt ihr ein Stück und steckt es in euren Mund, so wißt ihr, daß ihr ein Stück nehmt und es in euren Mund steckt. Empfindet ihr den lieblichen Duft und den süßen Geschmack, dann wißt ihr, daß ihr den lieblichen Duft und den süßen Geschmack empfindet. Die Mandarine, die Nandabala mir reichte, hatte neun Teile. Jeden Bissen aß ich ganz bewußt und achtsam, und so erlebte ich, wie kostbar und wundervoll er war. Ich vergaß die Mandarine nicht, und daher wurde sie für mich etwas sehr Wirkliches. Ist die Mandarine wirklich, dann ist der Mensch, der sie ißt, auch wirklich. Das bedeutet, eine Mandarine mit Achtsamkeit zu essen.

Kinder, was bedeutet es, eine Mandarine ohne Achtsamkeit zu essen? Eßt ihr eine Mandarine so, dann ist euch nicht bewußt, daß ihr eine Mandarine eßt. Ihr empfindet nicht ihren lieblichen Duft und ihren süßen Geschmack. Schält ihr die Mandarine, so wißt ihr nicht, daß ihr eine Mandarine schält. Nehmt ihr ein Stück und steckt es in euren Mund, so wißt ihr nicht, daß ihr ein Stück nehmt und es in euren Mund steckt. Riecht ihr den Duft der Mandarine und schmeckt ihr sie, so wißt ihr nicht, daß ihr den Duft der Mandarine riecht und sie schmeckt. Eßt ihr die Mandarine auf diese Weise, so könnt ihr nicht ihre kostbare, wundervolle Natur wertschätzen. Ist euch nicht bewußt, daß ihr eine Mandarine eßt, so ist die Mandarine nicht wirklich. Ist die Mandarine nicht wirklich, dann ist auch die Person, die sie ißt, nicht wirklich. Das bedeutet, Kinder, eine Mandarine ohne Achtsamkeit zu essen.

Kinder, eine Mandarine achtsam zu essen bedeutet, wirklich in Berührung mit ihr zu sein, während ihr sie eßt. Euer Geist jagt nicht den Gedanken von gestern oder morgen hinterher, er bleibt vielmehr vollkommen im gegenwärtigen Moment. Die Mandarine ist wirklich gegenwärtig. In Achtsamkeit und Bewußtheit leben bedeutet im gegenwärtigen Moment leben; euer Geist und Körper verbleiben wirklich im Hier und Jetzt.

Ein Mensch, der achtsam ist, kann Dinge in der Mandarine sehen, die andere nicht erkennen können. Ein bewußter Mensch kann den Mandarinenbaum sehen, die Mandarinenblüte im Frühling, das Sonnenlicht und den Regen, die beide die Mandarine nährten. Schaut ihr ganz genau, könnt ihr die zehntausend Dinge sehen, die die Mandarine möglich gemacht haben. Betrachtet ein Mensch eine Mandarine mit Bewußtheit, so kann er alle Wunder dieses Universums darin erkennen; ebenso kann er sehen, wie die Dinge aufeinander einwirken. Kinder, unser tägliches Leben kann man gut mit einer Mandarine vergleichen. So wie eine Mandarine aus einzelnen Stücken besteht, so besteht ein Tag aus vierundzwanzig Stunden. Eine Stunde ist wie ein Stück der Mandarine, und die vierundzwanzig Stunden eines Tages zu leben ist wie das Essen aller Mandarinenstücke. Der Pfad, den ich gefunden habe, ist der Pfad, jede Stunde des Tages in Bewußtheit zu leben, mit Geist und Körper im gegenwärtigen Moment zu leben. Das Gegenteil ist ein Leben in Unachtsamkeit und Achtlosigkeit. Leben wir unachtsam, dann wissen wir nicht, daß wir lebendig sind. Wir erfahren das Leben nur unvollständig, denn unser Geist und unser Körper verweilen nicht im Hier und Jetzt."

Gautama sah Sujata an und rief ihren Namen.

„Ja, Verehrter Lehrer?" Sujata legte ihre Handflächen zusammen.

„Glaubst du, Sujata, daß eine Person, die in Bewußtheit lebt, viele Fehler macht, oder macht sie nur wenige?"

„Verehrter Lehrer, eine Person, die in Bewußtheit lebt, wird nur wenige Fehler machen. Meine Mutter sagt immer zu mir, daß ein Mädchen oder eine junge Frau ganz aufmerksam dafür sein sollte, wie sie geht, steht, spricht, lacht und arbeitet, damit sie Gedanken, Worte und Handlungen vermeiden kann, die ihr oder anderen Kummer bereiten."

„So ist es, Sujata. Eine Person, die in Bewußtheit lebt, weiß, was sie denkt, sagt und tut. Solch eine Person kann Gedanken, Worte und Handlungen vermeiden, die für sie und andere Leiden schaffen.

Kinder, in Bewußtheit leben bedeutet im gegenwärtigen

Moment leben; es bedeutet, daß wir wissen, was in uns und in dem, was uns umgibt, geschieht. Dann sind wir in unmittelbarer Berührung mit dem Leben. Leben wir ständig in dieser Weise, so werden wir uns selbst und unsere Umwelt besser verstehen lernen. Verstehen führt zu Nachsicht und zu Liebe. Wenn alle Wesen einander verstehen, so werden sie sich wertschätzen und lieben. Dann wird es nicht mehr so viel Leiden in der Welt geben. Was glaubst du, Svasti? Können Menschen lieben, wenn sie nicht fähig sind, zu verstehen?"

„Verehrter Lehrer, ohne Verstehen ist es sehr schwierig, zu lieben. Das erinnert mich an etwas, das mit meiner Schwester Bhima geschah. Einmal weinte sie die ganze Nacht, bis meine Schwester Bala ihre Geduld verlor und sie schlug. Das bewirkte aber nur, daß Bhima noch mehr weinte. Ich nahm sie hoch und fühlte, daß sie fieberte. Ich war sicher, daß das Fieber ihr Kopfschmerzen verursachte. Ich rief Bala und erklärte ihr, daß sie ihre Hand auf Bhimas Stirn legen solle. Als sie das tat, verstand sie sofort, warum Bhima weinte. Ihre Augen wurden weich; sie nahm Bhima auf den Arm und sang ihr voller Liebe etwas vor. Bhima hörte auf zu weinen, obwohl sie noch immer Fieber hatte. Verehrter Lehrer, ich glaube, das geschah, weil Bala nun verstanden hatte, warum Bhima so durcheinander war. Und daher glaube ich, daß Liebe ohne Verstehen nicht möglich ist."

„So ist es, Svasti! Liebe ist nur möglich, wenn es auch Verstehen gibt. Und nur wenn es Liebe gibt, kann es auch Nachsicht geben. Kinder, übt euch darin, in Bewußtheit zu leben, und ihr werdet euer Verstehen vertiefen. Dann werdet ihr euch selbst verstehen können, die anderen Menschen und all das, was um euch herum geschieht. Und ihr werdet ein Herz von Liebe haben. Das ist der wundervolle Pfad, den ich entdeckt habe."

Svasti legte seine Handflächen zusammen. „Verehrter Lehrer, können wir diesen Pfad den ‚Pfad der Bewußtheit' nennen?"

Siddhartha lächelte. „Sicher. Wir können ihn den Pfad der Bewußtheit nennen. Ich finde das sehr gut. Der Pfad der Bewußtheit führt zu vollkommenem Erwachen."

Sujata legte ihre Handflächen zusammen und bat um Erlaubnis zu sprechen. „Du bist der, der erwacht ist, der, der uns zeigt, wie man in Bewußtheit lebt. Können wir dich den ‚Erwachten' nennen?"

Siddhartha lächelte. „Das würde mir sehr gut gefallen."

Sujatas Augen leuchteten. Sie fuhr fort: „Auf Magadhi heißt ‚erwachen' ‚*budh*'. Eine Person, die erwacht ist, würde demnach auf Magadhi als ‚*buddha*' bezeichnet werden. Wir könnten dich ‚Buddha' nennen."

Siddhartha nickte, und alle Kinder freuten sich. Der vierzehnjärige Nalaka, der älteste Junge der Gruppe, sagte: „Verehrter Lehrer, wir alle sind sehr glücklich, deine Lehre über den Pfad der Bewußtheit zu empfangen. Sujata berichtete mir, daß du in den vergangenen sechs Monaten unter diesem Pippala-Baum meditiert hast, und in der vergangenen Nacht hast du nun das Große Erwachen erlangt. Verehrter Buddha, dieser Pippala-Baum ist der schönste Baum im ganzen Wald. Könnten wir ihn nicht den ‚Baum des Erwachens', den ‚Bodhi-Baum' nennen? Das Wort ‚*bodhi*, hat dieselbe Wurzel wie das Wort ‚*buddha*', und es bedeutet ebenfalls ‚erwachen'."

Gautama nickte. Auch er war erfreut. Er hatte nicht geahnt, daß bei dieser Zusammenkunft mit den Kindern der Pfad, er selbst und sogar der große Baum – sie alle – besondere Namen bekommen würden. Nandabala legte ihre Handflächen zusammen. „Es wird dunkel, und wir müssen nach Hause gehen, doch wir werden bald wiederkommen, um mehr von deiner Lehre zu hören." Alle Kinder erhoben sich, legten ihre Handflächen wie Lotusblüten zusammen und dankten dem Buddha. Sie schlenderten gemächlich nach Hause und schnatterten unterwegs wie eine Schar glücklicher Vögel. Auch der Buddha war glücklich. Er beschloß, noch eine ganze Weile im Wald zu bleiben, denn er wollte erkunden, auf welche Weise er die Samen des Erwachens am besten aussäen könnte. Doch ebenso wollte er sich Zeit nehmen, die große Freude und den tiefen Frieden zu genießen, die das Erlangen des Pfades ihm beschert hatte.

Der Hirsch

Täglich badete der Buddha in den Wassern der Neranjara. Gehmeditation machte er zumeist am Ufer des Flusses, aber auch auf schmalen Waldpfaden, die er mit seinen eigenen Schritten schuf. Am Ufer, vor sich den dahinströmenden Fluß, saß er in Meditation; manchmal saß er auch unter dem Bodhi-Baum, während Hunderte von Vögeln in den Zweigen zwitscherten. Er hatte sein Gelübde wahr gemacht. Er wußte, daß er nach Kapilavatthu zurückkehren mußte, denn so viele Menschen warteten dort auf Nachricht von seiner Suche. Auch erinnerte er sich an König Bimbisara, der in Rajagaha lebte. Er empfand für den jungen König eine besondere Zuneigung und wollte auch ihn besuchen. Und da gab es ja auch noch seine früheren fünf Gefährten. Er wußte, daß jeder von ihnen die Befähigung besaß, schnell Befreiung zu erlangen, und er wollte sie suchen. Ganz bestimmt weilten sie noch in der Nähe.

Der Fluß, der Himmel, der Mond und die Sterne, der Wald, jeder Grashalm und selbst jedes Staubteilchen – alles war für den Buddha wie verwandelt. Er wußte, daß die langen Jahre, die er umhergewandert war auf der Suche nach dem Weg, keine vergeudeten Jahre gewesen waren. Tatsächlich hatte er den Weg zu seinem eigenen Herzen dank all seiner Versuche, dank aller Heimsuchungen endlich gefunden. Jedes Lebewesen besitzt das Herz der Erleuchtung. Die Keime der Erleuchtung existieren in allen. Die Lebewesen brauchen Erleuchtung nicht außerhalb ihrer selbst zu suchen, denn alle Weisheit, alle Kraft des Universums ist bereits in ihnen gegenwärtig. Dies war die große Entdeckung des Buddha, und es war wahrhaftig für alle ein Grund, sich zu freuen.

Oft kamen die Kinder ihn besuchen. Der Buddha freute sich sehr darüber, daß der Weg der Befreiung so einfach und natürlich dargestellt werden konnte. Selbst arme Landkinder, die niemals eine Schule besucht hatten, konnten seine Lehre verstehen. Das ermutigte ihn sehr.

Eines Tages brachten die Kinder einen Korb voller Mandarinen mit. Sie wollten die Mandarinen mit Bewußtheit essen, um zu üben, was der Buddha sie in der allerersten Lektion gelehrt hatte. Sujata verbeugte sich anmutig vor dem Buddha und hielt ihm den Korb hin. Der Buddha legte seine Handflächen wie ein Lotusblüte zusammen und nahm eine Mandarine. Sujata hielt nun Svasti, der an der Seite des Buddhas saß, den Korb hin; auch er machte es wie der Buddha. Allen Kindern reichte sie so den Korb, und schließlich hatten alle eine Mandarine genommen. Endlich setzte sich Sujata selbst nieder, legte ihre Handflächen zusammen und nahm ebenfalls eine Mandarine. Ruhig saßen die Kinder da. Der Buddha erklärte ihnen, daß sie nun ihrem Atem folgen und lächeln sollten. Er nahm seine Mandarine in die linke Hand, hob sie hoch und betrachtete sie genau. Die Kinder folgten seinem Beispiel. Langsam schälte er die Mandarine, und die Kinder machten es ihm nach. Achtsam und schweigend genossen dann Lehrer und Schülerinnen und Schüler ihre Mandarinen. Als sie mit dem Essen fertig waren, sammelte Bala die Schalen ein. Den Kindern hatte es große Freude bereitet, ihre Mandarinen gemeinsam mit dem Buddha in Achtsamkeit zu essen, und der Buddha fand großen Gefallen daran, eine solche Praxis mit den Kindern zu teilen.

Gewöhnlich besuchten die Kinder den Buddha nachmittags. Er zeigte ihnen, wie sie still sitzen und dem Atem folgen konnten, um den Geist zu beruhigen, wenn sie sich traurig fühlten oder wütend waren. Er lehrte sie Gehmeditation, durch die sie ihren Geist und Körper erfrischen konnten. Er lehrte sie, andere Lebewesen genau wahrzunehmen, so genau wie das eigene Tun, um zu erkennen, zu verstehen und zu lieben. Die Kinder erfaßten alles, was er sie lehrte.

Der Lotusteich

Nachdem die Kinder sich auf den Heimweg gemacht hatten, erhob sich der Buddha, um Gehmeditation zu üben. Er kam zum Fluß, hob seine Robe an und durchwatete ihn; dann folgte er einem Pfad, der zwischen zwei großen Reisfeldern hindurch zu einem Lotusteich führte, den er sehr liebte. Er setzte sich dort nieder und betrachtete die vielen wunderschönen Lotusblumen.

Als er die Stengel, die Blätter und die Blüten der verschiedenen Lotuspflanzen betrachtete, dachte er an die unterschiedlichen Entwicklungsstufen im Wachstum der Blumen. Die Wurzeln blieben immer im Schlamm begraben. Die Stengel einiger Lotuspflanzen waren noch nicht bis an die Wasseroberfläche gewachsen, andere ragten gerade ein Stückchen heraus. Sie hatten Blätter, die noch gekräuselt und fest geschlossen waren. Einige Blumen hatten ihre Knospen noch nicht geöffnet, bei anderen begannen die Blätter gerade herauszuschauen, wieder andere standen in voller Blüte. Es gab Blumen, bei denen bereits alle Blätter abgefallen waren. Da waren weiße Lotusblumen, blaue und rosafarbene. Der Buddha dachte darüber nach, daß sich auch die Menschen nicht sehr von den Lotusblumen unterschieden. Jeder Mensch hatte eine natürliche, individuelle Veranlagung. Devadatta war nicht wie Ananda, Yasodhara war nicht so wie Königin Pamita, und Sujata unterschied sich von Bala. Es gab große Unterschiede in der Persönlichkeit, in der Tugend, Intelligenz und Begabung der Menschen. Um der Verschiedenheit der Menschen wirklich gerecht zu werden, mußte der Pfad der Befreiung, den der Buddha entdeckt hatte, also auch auf viele verschiedene Weisen darlegbar sein. Die Dorfkinder zu belehren war so angenehm, dachte er – zu ihnen konnte er in einer ganz schlichten Art und Weise sprechen.

Unterschiedliche Lehrmethoden waren demnach wie Tore, durch die die Menschen, je nach ihrer besonderen Art, eintreten und die Lehre verstehen konnten. ‚Dharma-Tore' zu schaffen und zu gestalten mußte sich aus der unmittelbaren Begegnung mit den Menschen entwickeln. Es gab keineswegs gebrauchsfertige Methoden, die er durch ein Wunder unter dem Bodhi-Baum empfangen hätte. Der Buddha erkannte, daß es, um das Rad des Dharma in Bewegung zu setzen und die Samen der Befreiung auszusäen, notwendig war, in die Gesellschaft zurückzukehren. Seit seinem Erwachen waren neunundvierzig Tage vergangen. Nun war es Zeit, Uruvela zu verlassen. Er entschied, am nächsten Vormittag aufzubrechen und sich von dem kühlen Wald, den Ufern des Neranjara, dem Bodhi-Baum und den Kindern zu verabschieden. Als erstes wollte er seine beiden Lehrer Alara Kalama und Uddaka Ramaputta aufsuchen. Er war zuversichtlich, daß sie das Erwachen sehr schnell erlangen würden. Nachdem er diesen beiden ehrwürdigen Männern geholfen hätte, würde er seine fünf Gefährten suchen, die mit ihm die entbehrungsreiche Askese praktiziert hatten. Schießlich würde er dann weiter nach Magadha gehen, um König Bimbisara wiederzusehen.

Am nächsten Morgen legte der Buddha seine neue Robe an und wanderte in der morgendlichen, noch etwas dunstigen Luft nach Uruvela. Dort ging er zu Svastis Hütte und erklärte dem jungen Büffelhirten und seiner Familie, daß nun die Zeit für ihn gekommen sei, abzureisen. Sanft strich der Buddha jedem Kind über das Haar, und gemeinsam wanderten sie zum Haus von Sujata. Als Sujata die Neuigkeit erfuhr, weinte sie.

Der Buddha sagte: „Ich muß fortgehen, denn ich muß meine Aufgabe erfüllen. Aber ich verspreche euch, daß ich euch besuche, wann immer ich die Gelegenheit dazu habe. Kinder, ihr habt mir sehr geholfen, und ich bin euch so dankbar! Bitte, erinnert euch an das, was ich mit euch geteilt habe, und übt es. So werde ich euch nie fern sein. Sujata, trockne deine Tränen und schenk mir ein Lächeln!"

Sujata wischte ihre Tränen mit dem Saum ihres Sari ab und versuchte zu lächeln. Dann wanderten die Kinder gemeinsam mit dem Buddha zum Dorfausgang.

Der Weg der Achtsamkeit

Der Weg zur Erleuchtung und Erlösung führt über die Übung der Achtsamkeit. Man muß ihn mit Geduld und Ausdauer und am besten unter Anleitung eines erfahrenen Meisters gehen. In seinem Buch „Das Wunder der Achtsamkeit" gibt Thích Nhât Hanh eine Einführung in ein Leben in Achtsamkeit, zu dem auch die regelmäßige Meditation gehört. Er spricht über den Kern der Übung, über einen Tag der Achtsamkeit, den wir uns vornehmen sollen, über das Einssein aller Dinge, über die Befreiung von engen Sichtweisen, über die Furchtlosigkeit und das große Mitgefühl, über die gegenseitige Abhängigkeit und Unbeständigkeit, über die Befreiung vom Leid und der Reise auf den Wogen von Geburt und Tod.

Er empfiehlt Achtsamkeitsübungen des Halblächelns, des Loslassens im Augenblick beim Gehen und Sitzen, des bewußten Atmens, des Erkennens der Leerheit oder des Mitgefühls in der Not, des Handelns ohne Anhaftung und er gibt Betrachtungen über das Nicht-Aufgeben.

Wir erfahren vom Wunder, auf der Erde zu gehen, wir lernen, daß jede Handlung, die bewußt vollzogen wird, zum Ritual werden kann, auch und gerade alltägliche Dinge wie Atmen und Sitzen.

Das Wunder, auf der Erde zu gehen

Wenn man wirklich seine Bewußtheit lebendig halten möchte (von jetzt ab werde ich den Begriff „Achtsamkeit" benutzen, wenn es darum geht, das Bewußtsein für die gegenwärtige Wirklichkeit wach zu halten), dann muß man jetzt im Alltag üben und nicht nur während der Meditation.

Wenn ihr auf einem Weg zu einem Dorf geht, so könnt ihr die Achtsamkeit üben. Wenn ihr einen Feldweg entlang geht, umgeben von grünen Wiesen, so werdet ihr, wenn ihr Achtsamkeit übt, den Weg ins Dorf erfahren. Ihr übt, indem ihr diesen einen Gedanken lebendig haltet: „Ich gehe auf dem Weg, der ins Dorf führt. "Ob die Sonne scheint oder ob es regnet, ob der Weg trocken ist oder naß, ihr haltet diesen einen Gedanken aufrecht. Wiederholt ihn aber nicht wie eine Maschine. Maschinendenken ist das genaue Gegenteil von Achtsamkeit. Wenn wir auf dem Weg ins Dorf wirklich Achtsamkeit üben, erleben wir jeden Schritt als ein unendliches Wunder, und Freude wird unser Herz öffnen wie eine Blume, und wir können in die Welt der Wirklichkeit eintreten.

Ich gehe gerne auf Landstraßen, mit Reispflanzen und wildem Gras zu beiden Seiten. Ich setze jeden Fuß voller Achtsamkeit auf die Erde, im Wissen, daß ich auf einer wunderbaren Erde gehe. In solchen Augenblicken ist Dasein eine wunderbare und geheimnisvolle Wirklichkeit. Normalerweise betrachten es Menschen als ein Wunder, wenn jemand auf dem Wasser oder in der dünnen Luft gehen kann. Das wirkliche Wunder besteht für mich aber nicht darin, auf dem Wasser oder in der dünnen Luft zu gehen, sondern auf der Erde. Jeden Tag haben wir Teil an einem Wunder, das wir nicht einmal als solches sehen: ein blauer Himmel, weiße Wolken, grüne Blätter, die schwarzen neugierigen Augen eines Kindes – unsere eigenen Augen. Alles ist ein Wunder.

Sitzen

Der Zenmeister Doc The sagt, daß wir in der Meditation aufrecht sitzen und folgenden Gedanken entwickeln sollen: „Hier sitzen heißt am Bodhi-Ort sitzen". Der Bodhi-Ort ist der Ort, wo der Buddha Erleuchtung erlangte. Wenn alle Buddha werden können, und wenn die Buddhas all die unzähligen Wesen sind, die Erleuchtung erlangt haben, dann haben schon viele an diesem Ort gesessen, an dem ich jetzt sitze. Am gleichen Ort sitzen wie der Buddha macht uns glücklich, und in Achtsamkeit sitzen, heißt ein Buddha sein. Der Dichter Nguyen Cong Tru erfuhr das gleiche, als er sich an einem bestimmten Ort niedersetzte und plötzlich sah, wie vor unzähligen Jahren viele andere genau an dem selben Ort gesessen hatten, und wie auch zukünftig andere wieder da sitzen würden.

> *Am selben Ort sitze ich heute,*
> *wo andere lange vor mir saßen,*
> *und wo in tausend Jahren noch andere kommen.*
> *Wer ist der, der singt und wer, der lauscht?*

Der Ort und die Minuten, die er da verbrachte, schufen eine Verbindung zur ewigen Wirklichkeit.

Aktive, engagierte Menschen haben aber keine Muße, langsam auf Wegen mit grünem Gras zu gehen und unter Bäumen zu sitzen. Man muß Pläne schmieden, sich mit Nachbarn beraten, eine Millionen Schwierigkeiten lösen und hart arbeiten. Man muß mit schwierigen Umständen fertig werden und in jedem Augenblick auf seine Arbeit achten, wach und bereit, mit diesen Umständen geschickt und intelligent umzugehen.

Ihr fragt jetzt vielleicht: Wie sollen wir da Achtsamkeit üben?

Meine Antwort darauf ist die: Richtet eure Aufmerksamkeit auf eure Arbeit, seid wach und bereit, mit jeder Situation, die entsteht, geschickt und intelligent umzugehen – das ist Achtsamkeit. Es gibt keinen Grund, warum das Ausrichten all unserer Aufmerksamkeit auf unsere Arbeit, unsere Wachheit und Bereitschaft, nach besten Kräften zu handeln, etwas anderes als Achtsamkeit sein sollte. In den Augenblicken, wo man Rat gibt, Probleme löst, und alles, was entsteht, anpackt, braucht man ein ruhiges Herz und Selbstbeherrschung, wenn man gute Ergebnisse erzielen will. Das liegt auf der Hand. Wenn wir uns nicht beherrschen können und statt dessen von Ungeduld und Ärger leiten lassen, hat unsere Arbeit keinen Wert.

Achtsamkeit ist das Wunder, mit dessen Hilfe wir Herr unserer selbst werden und uns erneuern können. Stellt euch z.B. einen Zauberer vor: einen Zauberer, der seinen Körper in viele Stücke zerschneidet und jeden Teil in eine andere Richtung legt – die Hände in den Süden, die Arme in den Osten, die Beine in den Norden. Dann läßt er mit Hilfe von Zauberkräften einen Schrei ertönen, der alle Teile seines Körpers wieder zusammenholt. So wirkt Achtsamkeit. Sie ist das Wunder, das auf einen Schlag unseren zerstreuten Geist zurückrufen kann und ihn wieder ganz werden läßt, so daß wir jede Minute unser Leben leben können.

Bewußt atmen

Achtsamkeit ist in diesem Sinne sowohl Mittel als auch Ziel, gleichzeitig Same und Frucht. Wenn wir Achtsamkeit üben, um Konzentration aufzubauen, dann ist Achtsamkeit der Same. Achtsamkeit ist aber das Leben, das Lebendige im Gewahrsein. Wenn Achtsamkeit da ist, gibt es Leben. Somit ist Achtsamkeit auch die Frucht. Achtsamkeit erlöst uns von Vergeßlichkeit und Zerstreuung und ermöglicht uns, jede Minute des Lebens ganz zu leben. Achtsamkeit schenkt uns Leben.

Ihr solltet wissen, wie man mit dem Atem Achtsamkeit aufrechterhält, denn der Atem ist ein natürliches und äußerst wirksames Werkzeug, mit dem wir Zerstreutheit vermeiden. Der Atem ist die Brücke zwischen Leben und Bewußtsein und er vereinigt Körper und Gedanken. Immer, wenn euer Geist zerstreut ist, sammelt ihn wieder mit eurem Atem.

Atmet leicht und tief durch, seid euch bewußt, daß ihr tief atmet. Dann atmet alle Luft aus den Lungen aus und seid euch die ganze Zeit bewußt, daß ihr ausatmet. Das Sutra über die Achtsamkeit lehrt folgende Methode, des eigenen Atems gewahr zu werden: „Sei immer achtsam, wenn du einatmest und achtsam, wenn du ausatmest. Wenn du tief einatmest, dann wisse: „Ich atme tief ein", und wenn du tief ausatmest, dann wisse: „Ich atme tief aus".

„Den ganzen Atem-Körper erfahrend, atme ich ein", so übt ihr. „Den ganzen Atem-Körper erfahrend, atme ich aus", so übt ihr. „Die Geschäftigkeit des Atem-Körpers zur Ruhe bringend, atme ich aus", so übt ihr.

In einem buddhistischen Kloster lernen alle, den Atem als Werkzeug zu nutzen, um der geistigen Zerstreutheit ein Ende zu bereiten und Konzentrationskraft zu entwickeln. Konzentrationskraft ist die Stärke, die mit der Übung von Achtsamkeit entsteht. Diese große Konzentration kann uns helfen, das große Erwachen zu verwirklichen. Wenn ein Arbeiter sich seines Atems bewußt wird, ist er schon erwacht. Wenn wir über lange Zeit Achtsamkeit aufrechterhalten möchten, müssen wir damit fortfahren, auf unseren Atem zu achten.

Hier ist es Herbst, und die goldenen Blätter, die eins ums andere zu Boden fallen, sind wirklich wunderschön. Ich gehe für zehn Minuten im Wald spazieren, achte auf meinen Atem, bleibe achtsam und fühle mich erfrischt und wie neu. So kann ich wirklich mit jedem einzelnen Blatt Zwiegespräche halten.

Wenn man alleine einen Feldweg entlang geht, fällt Achtsamkeit leicht. Wenn wir einen Freund zur Seite haben, der auch nicht spricht, sondern ebenfalls auf seinen Atem achtet, können wir ohne Schwierigkeiten unsere Achtsamkeit aufrechterhalten. Wenn der Freund neben uns jedoch anfängt zu reden, wird es ein wenig schwieriger.

Wenn ihr jetzt im Geist denkt: „Oh, wenn doch dieser Mensch nur aufhören würde zu reden, damit ich mich konzentrieren kann", dann habt ihr eure Achtsamkeit schon verloren. Wenn ihr aber denkt: „Wenn er reden möchte, werde ich ihm antworten, aber weiterhin achtsam sein, mir dessen bewußt, daß wir zusammen auf diesem Weg gehen und dessen, worüber wir sprechen. So kann ich gleichzeitig auf meinen Atem achten."

Wenn ihr solche Gedanken wecken könnt, fahrt ihr mit eurer Achtsamkeit fort. Unter solchen Umständen zu üben ist schwieriger als allein, wenn ihr aber mit der Übung fortfahrt, werdet ihr die Fähigkeit zu weit größerer Konzentration entwickeln. In einem vietnamesischen Volkslied lautet eine Zeile: „Am schwersten ist die Übung zu Hause, dann in der Menge und dann in der Pagode". Nur in einer aktiven und anstrengenden Situation wird Achtsamkeit zu einer echten Herausforderung.

Den Atem zählen und dem Atem folgen

In den Meditationssitzungen, die ich unlängst für Nicht-Vietnamesen zu geben begann, schlage ich gewöhnlich verschiedene Methoden vor, die ich selbst versucht habe. Es sind ganz einfache Methoden. Anfängern empfehle ich die Methode „Der Länge des Atems zu folgen". Der Schüler legt sich auf den Boden, auf den Rücken. Dann bitte ich alle Teilnehmer, sich um ihn herum zu setzen, damit ich sie auf ein paar einfache Punkte hinweisen kann.

Obgleich das Ein- und Ausatmen durch die Lungen veranlaßt wird und im Brustkorb stattfindet, spielt auch der Bauch eine Rolle. Der Bauch hebt sich, wenn sich die Lungen füllen. Zu Beginn eines Atemzuges hebt sich die Bauchdecke. Nach etwa Zweidrittel des Einatmens senkt sie sich wieder.

Warum? Zwischen Brustkorb und Bauch ist das Zwerchfell. Wenn ihr korrekt einatmet, dann füllt die Luft zuerst den unteren Teil der Lungen. Bevor sich der obere Teil der Lungen mit Luft füllt, übt das Zwerchfell nach unten Druck auf den Bauch aus und veranlaßt dadurch das Heben der Bauchdecke. Wenn ihr den oberen Teil der Lungen mit Luft gefüllt habt, weitet sich der Brustkorb und veranlaßt dadurch das Heben der Bauchdecke. Wenn ihr den oberen Teil der Lungen mit Luft gefüllt habt, weitet sich der Brustkorb und veranlaßt das Senken der Bauchdecke.

Aus diesen Gründen haben die Menschen früher davon

gesprochen, daß der Atem am Nabel beginnt und bei den Nasenöffnungen endet.

Für Anfänger ist es hilfreich, sich für die Atemübung hinzulegen. Das Wichtigste dabei ist, zuviel Anstrengung zu vermeiden. Wenn wir uns zu sehr anstrengen, können die Lungen Schaden nehmen, besonders wenn sie durch jahrelanges falsches Atmen schwach geworden sind. Am Anfang sollte der oder die Übende auf einer flachen Matte oder Decke auf dem Rücken liegen und die Arme locker an die Seiten legen. Legt den Kopf nicht auf ein Kissen. Richtet eure Aufmerksamkeit auf das Ausatmen und achtet darauf, wie lange es dauert. Stellt seine Dauer durch langsames Zählen fest: eins, zwei, drei ... Nach einigen Atemzügen kennt ihr die „Länge" eures Atems, vielleicht fünf. Versucht jetzt das Ausatmen um eine Einheit oder zwei zu verlängern, so daß es sechs oder sieben Einheiten dauert. Zählt beim Ausatmen von eins bis fünf. Wenn ihr bei fünf angekommen seid, versucht, das Ausatmen bis sechs oder sieben auszudehnen, statt wie zuvor schon bei fünf auszuatmen. Auf diese Art entleert ihr die Lungen noch mehr. Wenn ihr das Ausatmen beendet habt, haltet für einen Augenblick inne und laßt eure Lungen alleine Luft schöpfen. Laßt sie soviel Luft einatmen, wie sie möchten, ohne euch anzustrengen. Normalerweise ist das Einatmen kürzer als das Ausatmen. Bleibt beim Zählen, um die Länge von beiden zu messen. Übt einige Wochen auf diese Weise und haltet die Achtsamkeit für das Ein- und Ausatmen im Liegen. (Wenn ihr einen laut tickenden Wecker habt, so könnt ihr ihn zu Hilfe nehmen, um die Länge von Aus- und Einatmen zu verfolgen.)

Fahrt damit fort, euren Atem zu messen, im Gehen, Sitzen und Stehen und insbesondere außer Haus. Wenn ihr geht, könnt ihr eure Schritte als Maß für den Atem nehmen. Nach etwa einem Monat wird sich der Unterschied zwischen Ein- und Ausatmen verringern, bis beide gleich lang sind. Wenn ihr beim Ausatmen auf sechs zählt, dann wird auch das Einatmen sechs Einheiten dauern.

Wenn ihr bei der Übung müde werdet, dann hört sofort damit auf. Aber auch wenn ihr nicht ermüdet, dehnt die Übung des langen, gleichmäßigen Atmens nicht über eine kurze Zeitspanne aus – zehn bis zwanzig Atemzüge sind genug. Wenn ihr die kleinste Müdigkeit verspürt, kehrt zum normalen Atmen zurück. Müdigkeit ist ein hervorragender Körpermechanismus und der beste Ratgeber dafür, ob man sich ausruhen oder weitermachen sollte. Um euren Atem zu messen, könnt ihr zählen oder einen rhythmischen Satz nehmen, den ihr gerne habt. Wenn die Länge eures Atems sechs ist, dann könnt ihr statt der Zahl sechs die sechs Worte nehmen: „Mein Herz ruht jetzt in Frieden". Wenn sie sieben ist, dann könnt ihr folgenden Satz nehmen: „Ich gehe auf dem frischen grünen Gras". Ein Buddhist kann sagen: „Ich nehme Zuflucht zum Buddha". Ein Christ kann sagen: „Vater unser (der du bist) im Himmel". Beim Gehen sollte jedem Schritt ein Wort entsprechen.

Stilles Atmen

Euer Atem sollte leicht, gleichmäßig und fließend sein, wie ein dünner Wasserlauf im Sand. So still, daß die Person neben euch nichts hört. Der Atem sollte so anmutig dahinfließen wie ein Fluß, so, wie eine Wasserschlange durchs Wasser gleitet. Er sollte nicht einer Kette zerklüfteter Berge gleichen oder dem Galopp eines Pferdes. Unseren Atem unter Kontrolle zu halten, heißt Körper und Geist beherrschen. Jedes Mal, wenn wir merken, daß wir zerstreut sind, und es uns schwerfällt, uns mit Hilfe verschiedener Methoden wieder zu sammeln, sollten wir die Methode der Atembetrachtung anwenden.

Wenn ihr euch zum Meditieren hinsetzt, fangt mit der Betrachtung des Atems an. Atmet zuerst normal und laßt den Atem langsam zur Ruhe kommen, bis er still und gleichmäßig ist und die Atemzüge verhältnismäßig lang sind. Vom Augenblick des Hinsetzens bis zu dem Augenblick, wo der Atem tief und still geworden ist, seid euch all dessen bewußt, was in euch geschieht.

In dem buddhistischen Sutra über die Achtsamkeit heißt es:
„Den ganzen Atem-Körper erfahrend, atme ich ein", so übt ihr. Den ganzen Atem-Körper erfahrend, atme ich aus", so übt

ihr. „Die Geschäftigkeit des Atem-Körpers zur Ruhe bringend, atme ich ein", so übt ihr. „Die Geschäftigkeit des Atem-Körpers zur Ruhe bringend, atme ich aus", so übt ihr.

Nach zehn bis zwanzig Minuten kommen eure Gedanken zur Ruhe, sie sind still wie ein Teich, auf dem sich keine einzige Welle kräuselt.

Den Atem zählen

Die Methode, den Atem ruhig und gleichmäßig werden zu lassen, heißt: „Dem Atem folgen". Wenn euch das anfangs zu schwer fällt, könnt ihr statt dessen die Methode „Die Atemzüge zählen" anwenden. Beim Einatmen zählt ihr im Geist eins und wenn ihr ausatmet, wieder eins. Einatmen zwei, Ausatmen zwei. Zählt bis zehn und beginnt dann wieder von vorne. Das Zählen gleicht einer Linie, die die Achtsamkeit an den Atem bindet. Diese Übung ist der Anfangspunkt in dem Prozeß, euch des Atems fortwährend bewußt zu sein. Ohne Achtsamkeit werdet ihr aber das Zählen schnell vergessen. Wenn ihr es vergessen habt, kehrt einfach wieder zu eins zurück. Versucht es immer wieder, bis ihr das Zählen korrekt einhalten könnt. Wenn ihr eure Achtsamkeit wirklich auf das Zählen ausrichten könnt, habt ihr den Punkt erreicht, wo ihr damit aufhören könnt. Jetzt fangt damit an, euch nur auf den Atem zu konzentrieren.

Wenn ihr aufgeregt und zerstreut seid und es schwierig findet, Achtsamkeit zu üben, kehrt zum Atem zurück: sich des Atems bewußt zu werden ist schon Achtsamkeit. Der Atem ist das Wundermittel, mit dem wir unser Bewußtsein sammeln können. Eine religiöse Gemeinschaft hat folgende Aussage in ihren Regeln: „Verliert euch nie in geistiger Zerstreutheit oder in der Umgebung. Lernt den Atem zu betrachten, um Körper und Geist zu beherrschen, Achtsamkeit zu üben und Konzentration und Weisheit zu entwickeln."

Jede Handlung ist ein Ritual

Stellt euch eine hohe Mauer vor, von der aus man weit schauen kann. Es gibt allerdings keinen klaren Weg hinauf. Nur ein dünner Faden hängt zu beiden Seiten herunter. Ein kluger Mensch wird am einen Ende des Fadens eine dickere Schnur festknüpfen, auf die andere Seite der Mauer gehen und dann an dem Faden ziehen, um die Schnur auf die andere Seite zu bringen. Dann wird er das Ende der Schnur mit einem dicken Seil verknüpfen und hinüberziehen. Wenn das Seil auf der einen Seite bis zum Boden reicht und auf der anderen Seite gut befestigt ist, dann ist es ein leichtes, die Mauer zu übersteigen.

Unser Atem gleicht diesem dünnen Faden. Wenn wir ihn zu nutzen wissen, dann kann er zu einem wunderbaren Werkzeug werden, mit dem wir Situationen meistern können, die uns sonst hoffnungslos erscheinen. Unser Atem ist die Brücke zwischen Körper und Geist, ein Element, das Körper und Geist miteinander versöhnt und ihr Eins- oder Einig-Sein ermöglicht. Der Atem ist sowohl auf den Körper als auch den Geist ausgerichtet und er allein ist das Werkzeug, das beide zusammenbringen und Frieden und Ruhe schenken kann.

Viele Menschen und Bücher sprechen über den gewaltigen Nutzen von korrektem Atmen. Sie sagen, daß eine Person, die zu atmen weiß, in der Lage ist, endlos Lebenskraft aufzubauen. Der Atem baut die Lungen auf, er stärkt das Blut und belebt jedes Organ im Körper. Es heißt, richtiges Atmen sei wichtiger als Essen. Alle diese Aussagen treffen zu.

Vor Jahren war ich sehr krank. Jahrelang nahm ich Arznei zu mir und unterzog mich medizinischer Behandlung. Mein Zustand besserte sich aber nicht. Ich wandte mich dem Atem zu und war dank dieser Methode in der Lage, mich selbst zu heilen.

Atem ist ein Werkzeug. Atem ist Achtsamkeit. Der Gebrauch des Atems als Werkzeug kann uns großen Nutzen bringen. Aber es ist kein Selbstzweck. Dieser Nutzen ist lediglich Nebenprodukt der Verwirklichung von Achtsamkeit.

In meinem kleinen Meditationskurs für Nicht-Vietnamesen

sind viele junge Leute. Ich habe ihnen gesagt, es sei gut, wenn sie täglich eine Stunde meditieren, aber das ist nicht annähernd genug. Ihr solltet Meditation üben beim Gehen, Stehen, Liegen, Sitzen und Arbeiten, beim Händewaschen, Abspülen, Kehren und Teetrinken, im Gespräch mit Freunden und bei allem, was ihr tut. „Wenn ihr abwascht, denkt ihr vielleicht an den Tee danach und versucht, es so schnell wie möglich hinter euch zu bringen, damit ihr euch setzen und Tee trinken könnt. Das bedeutet aber, daß ihr in der Zeit, wo ihr abwascht, nicht lebt. Wenn ihr abwascht, muß der Abwasch das Wichtigste in eurem Leben sein. Und wenn ihr Tee trinkt, dann muß das Tee trinken das Wichtigste auf der Welt sein." Und so weiter. Holz hacken ist Meditation. Wasser holen ist Meditation. Seid 24 Stunden am Tag achtsam, nicht nur in der Stunde, die ihr für die formale Meditation oder das Lesen von Schriften oder die Rezitation von Gebeten reserviert habt. Ihr müßt jede Handlung mit Achtsamkeit ausführen. Jede Handlung ist ein Ritual, ist eine Zeremonie. Wenn ihr eine Tasse zum Mund hebt, ist das ein Ritual. Klingt euch das Wort ‚Ritual' zu feierlich? Ich benutze es, um euch ein für alle Mal deutlich zu machen, daß Gewahrsein, Bewußtheit eine Sache von Leben und Tod ist.

Halblächeln beim Erwachen am Morgen

Häng dir einen Zweig oder irgendein anderes Zeichen, oder sogar das Wort „Lächeln" an die Decke oder Wand, so daß du es sofort siehst, wenn du deine Augen öffnest. Dieses Zeichen soll dir als Erinnerung dienen. Nutze die Sekunden vor dem Aufstehen und spüre deinen Atem. Atme dreimal sanft ein und aus und halte dabei ein Halblächeln aufrecht. Folge deinem Atem.

Halblächeln in freien Augenblicken

Wo immer du sitzt oder stehst, übe ein Halblächeln. Schau ein Kind an, ein Blatt, ein Gemälde an der Wand, irgend etwas, was verhältnismäßig ruhig ist und lächle. Atme dreimal still ein und aus. Halte ein Halblächeln aufrecht und betrachte den Punkt deiner Aufmerksamkeit als dein wahres Wesen.

Halblächeln beim Musikhören

Höre zwei, drei Minuten ein Musikstück an. Richte deine Aufmerksamkeit auf die Worte, die Musik, den Rhythmus und deine Empfindungen. Lächle und achte auf Ein- und Ausatmen.

Halblächeln bei Gereiztheit

Wenn du eine Gereiztheit bemerkst, übe ein Halblächeln. Atme ruhig ein und aus und halte das Halblächeln für drei Atemzüge aufrecht.

Loslassen im Liegen

Lege dich auf den Rücken, auf eine flache Unterlage, ohne eine Matratze oder ein Kissen als Stütze. Halte die Arme locker auf den Seiten und deine ausgestreckten Beine leicht auseinander. Halte ein Halblächeln aufrecht. Atme sanft ein und aus und halte deine Aufmerksamkeit beim Atem. Laß jeden Muskel im Körper los. Entspanne jeden Muskel so, als ob er nach unten, durch den Boden sänke, oder als ob er sanft und nachgiebig sei wie ein Stück Seide, das in der Luft zum Trocknen hängt. Laß alles los und richte deine Aufmerksamkeit nur auf den Atem und das Halblächeln. Stell dir vor, du seist eine Katze, die ganz entspannt vor einem Feuer liegt und deren Muskeln jedem Druck widerstandslos nachgeben. Führe das fort während fünfzehn Atemzügen.

Loslassen im Sitzen

Setze dich in den halben oder vollen Lotussitz, mit gekreuzten oder untergeschlagenen Beinen, vielleicht sogar auf einen Stuhl, mit beiden Fußsohlen auf dem Boden. Übe ein Halblächeln. Atme ein und aus und halte das Halblächeln aufrecht. Laß los.

Dem Atem folgen beim Hören von Musik

Höre dir ein Musikstück an. Atme lang, leicht und gleichmäßig. Folge deinem Atem, sei Herr deines Atems, und sei dir der Bewegung und deiner Empfindung bei der Musik bewußt. Verliere dich nicht in der Musik, sondern bleibe weiterhin Herr deines Atmens und Herr deiner selbst.

Dem Atem folgen bei einem Gespräch

Atme lang, leicht und gleichmäßig. Folge deinem Atem, wenn du den Worten eines Freundes oder deinen eigenen Antworten zuhörst. Fahre damit fort wie bei dem Musikstück.

Dem Atem folgen

Setze dich in den vollen oder halben Lotus oder gehe spazieren. Fange damit an, sanft und normal (vom Bauch her) zu atmen, mache dir bewußt: „Ich atme normal ein." Tu das für drei Atemzüge. Folge jetzt sorgfältig deinem Atem und sei dir jeder Bewegung deines Bauches oder deiner Lungen bewußt. Folge dem Ein- und Ausatmen der Luft. Sei dir bewußt: „Ich atme ein und folge dem Einatmen von Anfang bis Ende. Ich atme aus und folge dem Ausatmen von Anfang bis Ende."

Tu das während zwanzig Atemzügen. Kehre dann zum normalen Atem zurück. Wiederhole die Übung nach fünf Minuten. Denke daran, beim Atmen das Halblächeln beizubehalten. Wenn du diese Übung beherrschst, gehe weiter zur nächsten.

Atmen zur Beruhigung von Körper und Geist, um Freude zu erfahren

Setze dich in den vollen oder halben Lotus. Übe ein Halblächeln. Folge deinem Atem. Wenn Körper und Geist ruhig sind, fahre fort, sehr leicht ein- und auszuatmen und sei dir bewußt: „Ich atme ein und mache den Atemkörper leicht und friedvoll". Tu das für drei Atemzüge und lasse achtsam den Gedanken entstehen: „Ich atme ein und mache meinen ganzen Körper leicht und friedvoll und froh". Tu das für drei Atemzüge und lasse achtsam den Gedanken entstehen: „Ich atme ein, und Körper und Geist sind ruhig und froh. Ich atme aus, und Körper und Geist sind ruhig und froh."

Halte diesen Gedanken achtsam aufrecht, für fünf bis dreißig Minuten oder eine ganze Stunde, entsprechend deiner Fähigkeiten und der verfügbaren Zeit. Anfang und Ende der Übung sollten entspannt und sanft sein. Wenn du aufhören möchtest, so massiere zuerst Augen und Gesicht mit beiden Händen und dann die Beine, bevor du wieder aufstehst und eine normale Sitzhaltung einnimmst. Halte einen Augenblick inne, bevor du aufstehst.

Achtsamkeit für die Körperhaltung

Diese Übung kannst du überall und jederzeit durchführen. Fange damit an, die Aufmerksamkeit auf deinen Atem zu richten. Atme ruhig und tiefer als üblich. Sei dir der Haltung deines Körpers bewußt, ob du gehst, stehst, liegst oder sitzt. Sei dir bewußt, welchen Zweck deine Haltung hat. Du bist dir z. B. bewußt, daß du auf einem grünen Hügel stehst, um dich zu erfrischen, um den Atem zu betrachten oder einfach zu stehen. Wenn es keinen bestimmten Zweck gibt, dann sei dir bewußt, daß es ohne Zweck geschieht.

Achtsamkeit bei der Teezubereitung

Bereite eine Kanne Tee zu, für einen Gast oder für dich selbst. Mache jede Bewegung langsam, in Achtsamkeit. Laß keine Einzelheit deiner Bewegungen geschehen, ohne dir ihrer bewußt zu sein. Sei dir bewußt, daß deine Hände die Kanne am Henkel hochheben. Sei dir bewußt, daß du den heißen Tee in die Tasse gießt. Folge jedem Schritt in Achtsamkeit. Atme sanft und tiefer als üblich. Werde dir deines Atems bewußt, wenn deine Gedanken abschweifen.

Der Abwasch

Spüle das Geschirr entspannt ab, als sei jede Schale Gegenstand deiner Betrachtung. Betrachte jeden Teller als heilig. Folge deinem Atem, damit dein Geist nicht abschweift. Versuche nicht, dich zu beeilen, um die Arbeit hinter dich zu bringen. Betrachte den Abwasch als das Wichtigste auf der Welt. Abwaschen ist Meditation. Wenn du nicht achtsam abwaschen kannst, kannst du auch nicht achtsam meditieren, wenn du still sitzt.

Hausputz

Teile deine Arbeit in Abschnitte ein: aufräumen und Bücher einordnen, Toilette und Bad putzen, Fußböden aufwischen und abstauben. Nimm dir für jede Aufgabe genügend Zeit. Bewege dich langsam, dreimal so langsam wie üblich. Richte deine ganze Aufmerksamkeit auf jede Aufgabe. Wenn du z.B. ein Buch ins Regal zurückstellst, schau dir das Buch an, sei dir bewußt, welches Buch es ist, daß du gerade ins Regal an einen bestimmten Ort zurückstellst. Sei dir bewußt, daß deine Hand nach dem Buch greift und es hochnimmt. Vermeide jede abrupte und hastige Bewegung. Halte die Achtsamkeit auf den Atem aufrecht, vor allem, wenn die Gedanken abschweifen.

Ein Bad in Zeitlupe

Genehmige dir dreißig bis fünfundvierzig Minuten für ein Bad. Eile dich nicht für eine Sekunde. Vom Augenblick an, in dem du das Badewasser zubereitest, bis du saubere Kleider anziehst, lasse jede Bewegung leicht und langsam sein. Sei achtsam auf jede Bewegung. Richte deine Aufmerksamkeit auf jeden Teil deines Körpers, ohne Unterscheidung und ohne Furcht. Sei achtsam auf jeden Wasserstrahl auf deinem Körper. Nach dem Baden sollte sich dein Geist so leicht und friedvoll fühlen wie dein Körper. Folge deinem Atem. Stell dir vor, du seist in einem sauberen, duftenden Lotusteich im Sommer.

Der Kieselstein

Wenn du sitzt und langsam atmest, dann stelle dir vor, du seist ein Kieselstein, der in einen klaren Fluß fällt. Wenn du nach unten sinkst, so wird deine Bewegung nicht von irgendeiner Absicht geleitet. Sinke zum Ort der völligen Ruhe auf den weichen Sand des Flußbetts. Fahre fort, über den Kieselstein zu meditieren, bis Geist und Körper sich in völliger Ruhe befinden: ein Kiesel, der in Sand ruht. Halte diese Ruhe und diesen Frieden für eine halbe Stunde aufrecht und beobachte dabei deinen Atem. Kein Gedanke an Vergangenheit oder Zukunft kann dich von deiner gegenwärtigen Ruhe und Freude ablenken. Das Weltall existiert im gegenwärtigen Augenblick. Kein Wunsch kann dich von diesem gegenwärtigen Frieden ablenken, nicht einmal der Wunsch, Buddha zu werden, oder der Wunsch, alle Wesen zu retten. Sei dir bewußt, daß ein Buddha zu werden und alle Wesen zu retten nur auf der Grundlage des reinen Friedens im gegenwärtigen Augenblick verwirklicht werden kann.

Ein Tag der Achtsamkeit

Nimm dir einen Tag in der Woche, jeden beliebigen Tag, der für dich günstig ist. Vergiß die Arbeit, die du in den anderen Tagen zu tun hast. Verabrede dich mit niemandem und lade auch keine Freunde ein. Mache nur einfache Tätigkeiten wie das Haus putzen, kochen, Wäsche waschen und abstauben.

Wenn das Haus sauber und aufgeräumt und alles in Ordnung gebracht ist, nimm ganz langsam ein Bad. Bereite dir danach einen Tee und nimm ihn zu dir. Du kannst heilige Schriften lesen oder an enge Freunde schreiben. Danach kannst du einen Spaziergang machen und dabei den Atem betrachten. Wenn du heilige Schriften liest oder Briefe schreibst, bleibe achtsam und lasse dich durch sie nicht irgendwo anders hinziehen. Wenn du einen heiligen Text liest, sei dir bewußt, was du liest; wenn du einen Brief schreibst, sei dir bewußt, was du schreibst. Gehe genauso vor, wie wenn du ein Musikstück hörst oder mit einem Freund sprichst. Bereite dir am Abend eine leichte Mahlzeit, vielleicht nur ein paar Früchte oder ein Glas Fruchtsaft. Meditiere für eine Stunde im Sitzen, bevor du ins Bett gehst. Mache während des Tages zwei, drei Spaziergänge von je einer halben Stunde bis fünfundvierzig Minuten. Sei Herr deines Atems. Atme sanft (dehne deine Atemzüge nicht zu lange aus) und folge dabei dem Heben und Senken von Bauch und Brust mit geschlossenen Augen. Jede Bewegung an diesem Tag sollte zumindest doppelt so langsam sein wie üblich.

Betrachtung über wechselseitige Abhängigkeit

Suche ein Kinderbild von dir heraus. Setze dich in den vollen oder halben Lotus. Fange an, deinem Atem zu folgen. Nach zwanzig Atemzügen fange an, deine Aufmerksamkeit auf das Foto vor dir zu richten. Erschaffe die fünf Aggregate nach, die dich damals ausgemacht haben, als das Foto entstand, und erlebe sie wieder: deine körperlichen Eigenschaften, deine Gefühle, Wahrnehmungen, geistigen Funktionen und das Bewußtsein in jenem Alter. Fahre fort, deinem Atem zu folgen. Laß nicht zu, daß dich deine Erinnerungen weglocken und überwältigen. Bleibe fünfzehn Minuten bei dieser Meditation. Behalte ein Halblächeln bei. Richte dann deine Aufmerksamkeit auf dein gegenwärtiges Selbst. Sei dir deines Körpers, deiner Gefühle, Wahrnehmungen, der geistigen Funktionen und deines Bewußtseins im gegenwärtigen Augenblick bewußt. Schau dir die fünf Aggregate an, die dich im Augenblick ausmachen. Frage dich: „Wer bin ich?" Die Frage sollte ganz tief in dir Wurzeln schlagen, so wie ein neues Samenkorn, das tief in die weiche Erde eingegraben wurde und ganz feucht ist. Die Frage „Wer bin ich?" sollte keine abstrakte Frage sein, die du mit deinem diskursiven Intellekt betrachtest. Die Frage „Wer bin ich?" ist nicht beschränkt auf deinen Intellekt, sie geht alle fünf Aggregate an. Versuche nicht, eine intellektuelle Antwort zu finden. Betrachte die Frage nur fünf Minuten und atme dabei leicht, aber tief, um dich nicht von philosophischen Spekulationen ablenken zu lassen.

Du selbst

Setze dich allein in ein dunkles Zimmer oder allein in der Nacht an einen dunklen Fluß. Fange damit an, dir deines Atems bewußt zu werden. Laß den Gedanken in dir entstehen, „Ich werde mit meinem Finger auf mich zeigen", und statt auf deinen Körper zu zeigen, zeige in die entgegengesetzte Richtung. Stelle dich dir außerhalb deiner körperlichen Form vor. Stelle dir deine körperliche Form vor dir vor – in den Bäumen, dem Gras, den Blättern und dem Fluß und betrachte sie. Sei dir bewußt, daß du im Weltall bist und das Weltall in dir: wenn es das Weltall gibt, dann gibt es dich; wenn es dich gibt, dann gibt es auch das Weltall. Es gibt keine Geburt. Es gibt keinen Tod. Kein Kommen und kein Gehen. Behalte ein Halblächeln bei. Sei dir deines Atems bewußt. Bleibe für zehn bis zwanzig Minuten bei dieser Betrachtung.

Dein Skelett

Lege dich auf ein Bett oder eine Matte oder ins Gras in einer Stellung, die dir angenehm ist. Gebrauche kein Kissen. Fange damit an, dir deines Atems bewußt zu werden. Stell dir vor, daß alles, was von deinem Körper übrig geblieben ist, ein weißes Skelett ist, das auf der Erde liegt. Halte ein Halblächeln aufrecht und folge deinem Atem weiter. Stelle dir vor, daß all dein Fleisch verwest ist und sich aufgelöst hat, und daß dein Skelett jetzt, achtzig Jahre nach der Beerdigung, in der Erde liegt. Stelle dir ganz deutlich die Knochen von Kopf, Rücken, Rippen, Hüften, Armen, Beinen und Fingern vor. Behalte ein Halblächeln bei und atme ganz leicht, mit gelassenem Herzen und Geist. Erkenne, daß du nicht das Skelett bist. Du bist nicht deine körperliche Form. Sei eins mit dem Leben. Lebe ewig in den Bäumen und dem Gras, in anderen Menschen, in den Vögeln und anderen Tieren, im Himmel und in den Wellen des Meeres. Dein Skelett ist nur ein Teil von dir. Du bist überall und in jedem Augenblick gegenwärtig. Du bist nicht nur eine körperliche Form oder nur Gefühle, Gedanken, Handlungen und Wissen. Meditiere so für zwanzig bis dreißig Minuten.

Dein wahres Gesicht vor deiner Geburt

Setze dich in den vollen oder halben Lotus und folge deinem Atem. Konzentriere dich auf den Punkt A, den Anfang deines Lebens, und sei dir bewußt, daß das auch der Punkt ist, wo du anfängst zu sterben. Erkenne, das beides, Leben und Tod, sich gleichzeitig zeigen: das eine ist durch das andere, das eine kann nicht ohne das andere sein. Erkenne, daß dein Leben und dein Tod voneinander abhängen: das eine ist die Grundlage des anderen. Erkenne, daß du gleichzeitig dein Leben und dein Tod bist; daß die beiden keine Feinde sind, sondern zwei Aspekte derselben Wirklichkeit. Konzentriere dich dann auf den Punkt, wo die beiden Manifestationen enden, den Punkt B, den man fälschlicherweise den Tod nennt. Erkenne, daß das der Endpunkt von beiden Manifestationen, von Leben und Tod, ist.

Erkenne, daß es keinen Unterschied gibt zwischen der Zeit vor A und nach B. Suche nach deinem wahren Gesicht in der Zeit vor A und nach B.

Ein geliebter Mensch ist gestorben

Setze dich auf einen Stuhl oder lege dich auf ein Bett, in einer Haltung, die dir angenehm ist. Fange damit an, daß du dir deines Atems bewußt wirst. Betrachte den Körper eines geliebten Menschen, der gestorben ist, sei es vor einigen Minuten oder vor vielen Jahren. Werde dir klar darüber, daß alles Fleisch dieser Person verwest und nur noch ein Skelett übrig ist, das ruhig unter der Erde ruht. Erkenne deutlich, daß dein eigenes Fleisch noch da ist, und daß in dir die fünf Aggregate von körperlicher Form, Gefühl, Wahrnehmung, geistigen Funktionen und Bewußtsein zusammen vorhanden sind. Denke an die Wechselwirkung zwischen dieser Person und dir, damals und jetzt. Behalte ein Halblächeln bei und sei dir deines Atems bewußt. Bleibe nur fünfzehn Minuten bei dieser Betrachtung.

Leerheit

Setze dich in den vollen oder halben Lotus. Fange damit an, deinen Atem zu regeln. Betrachte das Wesen der Leerheit in der Ansammlung der fünf Aggregate: körperliche Form, Gefühl, Wahrnehmung, geistige Funktion und Bewußtsein. Gehe von der Betrachtung eines Aggregates zum nächsten. Erkenne, daß sich alle verwandeln, alle unbeständig und ohne Selbst sind. Die Ansammlung der fünf Aggregate entspricht der aller Phänomene: alles gehorcht dem Gesetz der wechselseitigen Abhängigkeit. Ihr Zusammenkommen und Vergehen ähnelt dem Entstehen und der Auflösung von Wolken am Gipfel eines Berges. Hänge weder an den fünf Aggregaten noch lehne sie ab. Erkenne, daß Mögen und Nichtmögen Phänomene sind, die zur Ansammlung der fünf Aggregate gehören. Werde dir klar darüber, daß die fünf Aggregate leer und ohne Selbst sind, daß sie aber auch wunderbar sind, wunderbar wie jedes Phänomen im Weltall, wunderbar wie das Leben, das es überall gibt. Versuche zu erkennen, daß die fünf Aggregate in Wirklichkeit nicht erschaffen und zerstört werden, denn sie sind die letztendliche Wirklichkeit. Versuche durch diese Betrachtung zu erkennen, daß Unbeständigkeit ein Begriff, eine Vorstellung ist, daß Nicht-Selbst und Leerheit Vorstellungen sind, dann verfängst du dich nicht in den Vorstellungen von Unbeständigkeit, Nicht-Selbst und Leerheit. Du erkennst, daß auch Leerheit leer ist und daß sich die letztendliche Wirklichkeit von Leerheit nicht von der letztendlichen Wirklichkeit der fünf Aggregate unterscheidet. (Diese Übung sollte nur dann durchgeführt werden, wenn der Schüler die vorangegangenen fünf Übungen gründlich geübt hat. Die dafür notwendige Zeit hängt vom einzelnen ab – vielleicht eine Stunde, vielleicht zwei.)

Mitgefühl für die meistgehaßte oder -verachtete Person

Setze dich ruhig hin. Atme und übe ein Halblächeln. Betrachte das Bild einer Person, die dir größtes Leid zugefügt hat. Betrachte die Seiten, die du am meisten haßt oder verachtest oder am widerwärtigsten findest. Versuche herauszufinden, was diese Person glücklich macht und was ihr in ihrem alltäglichen Leben Leiden bringt. Betrachte die Wahrnehmungen dieser Person; versuche zu erkennen, welchen gedanklichen Mustern und Argumenten sie folgt. Überprüfe, was die Hoffnungen und Handlungen dieses Menschen motiviert. Betrachte schließlich sein Bewußtsein. Finde heraus, ob seine Ansichten und Einsichten offen und frei sind oder nicht, ob er von irgendwelchen Vorurteilen, von Engstirnigkeit, von Haß oder Wut beeinflußt wird oder nicht. Finde heraus, ob er Herr seiner selbst ist. Fahre mit diesen Überlegungen fort, bis dein Herz von Mitgefühl erfüllt ist, wie eine Quelle mit frischem Wasser, und dein Ärger und deine Abneigung verschwinden. Führe diese Übung viele Male mit derselben Person durch.

Leiden durch Mangel an Weisheit

Setze dich in den vollen oder halben Lotus. Fange an, deinem Atem zu folgen. Wähle die Situation einer Person, einer Familie oder einer Gesellschaft, die mehr leiden, als alle anderen, die du kennst. Nimm sie zum Gegenstand deiner Betrachtung.

Im Falle einer Person versuche, jedes Leiden zu erkennen, das dieser Mensch erfährt. Fange mit den Leiden der körperlichen Form an (Krankheit, Armut, körperliche Schmerzen) und gehe dann über zu Leiden, die durch Gefühle verursacht werden (innere Konflikte, Angst, Haß, Eifersucht, Gewissensqualen). Betrachte als nächstes die Leiden, die durch Wahrnehmungen entstehen (Pessimismus, an den eigenen Problemen engstirnig festhalten und ständig schwarz sehen). Finde heraus, ob seine geistigen Funktionen von Angst, Entmutigung, Verzweiflung oder Haß motiviert sind. Schau, ob sein Bewußtsein verschlossen ist, wegen seiner Umstände, seiner Leiden, wegen der Menschen um ihn herum, seiner Erziehung, aufgrund von Propaganda oder mangelnder Selbstkontrolle. Meditiere über alle diese Leiden, bis dein Herz von Mitgefühl erfüllt ist, wie eine Quelle mit frischem Wasser, und du sehen kannst, daß diese Person an ihren Umständen und ihrer Unwissenheit leidet. Entschließe dich dazu, dieser Person aus ihrer gegenwärtigen Situation herauszuhelfen, auf möglichst stille und unauffällige Weise.

Im Falle einer Familie folge derselben Methode. Gehe die Leiden einer Person durch und gehe dann über zur nächsten, bis du die Leiden der ganzen Familie untersucht hast. Erkenne, daß ihre Leiden deine eigenen sind. Erkenne, daß es unmöglich ist, auch nur einer Person in dieser Familie einen Vorwurf zu machen. Erkenne, daß du ihnen helfen mußt, sich aus ihrer gegenwärtigen Situation zu befreien, auf möglichst stille und unauffällige Weise.

Im Falle einer Gesellschaft nimm dir ein Land vor, das Krieg erfährt oder unter irgendeiner anderen Ungerechtigkeit leidet. Versuche zu begreifen, daß jede Person in diesem Konflikt ein Opfer ist. Erkenne, daß keine Person, einschließlich der kriegführenden Parteien und sich gegenüberstehenden Lager, das Leiden fortsetzen möchte. Begreife, daß man nicht einem oder wenigen Menschen die Schuld an der Situation zuschieben kann. Erkenne, daß die Situation möglich ist durch das Festhalten an Ideologien und an einem ungerechten ökonomischen Weltsystem, das von jeder Person durch Unwissenheit und einem Mangel an Entschiedenheit, es zu ändern, aufrechterhalten wird. Erkenne, daß die beiden Seiten in einem Konflikt nicht wirkliche Gegensätze bilden, sondern zwei Aspekte derselben Wirklichkeit darstellen. Erkenne, daß das Wichtigste das Leben ist und daß sich gegenseitig töten oder unterdrücken nichts lösen kann. Erinnere dich an die Worte der Sutra:

> In Zeiten des Krieges
> laß in dir den Geist des Mitgefühls entstehen.
> Hilf den Lebewesen,
> überwinde den Wunsch zu kämpfen.
> Wo immer die Schlacht tobt,
> Nutz all deine Macht,
> die Kräfte beider Seiten gleich zu halten
> und tritt ein in den Streit, um zu versöhnen.
>
> *Vimalakirti Nirdesa Sutra*

Meditiere solange, bis jeder Vorwurf und aller Haß verschwinden und Mitgefühl und Liebe in dir aufwallen wie ein Quell frischen Wassers. Gelobe, für Bewußtheit und Versöhnung zu arbeiten, auf möglichst stille und unauffällige Weise.

Handeln ohne Anhaftung

Setze dich in den vollen oder halben Lotus. Folge deinem Atem. Nimm ein Projekt der ländlichen Entwicklung oder irgendein anderes Projekt, das du für wichtig erachtest, zum Thema deiner Betrachtung. Untersuche die Ziele der Arbeit, die angewandten Methoden und die daran beteiligten Menschen. Betrachte zuerst das Ziel des Projektes. Erkenne, daß die Arbeit darin besteht, zu dienen, Leiden zu lindern und mit Mitgefühl zu handeln und nicht darin, den Wunsch nach Lob oder Anerkennung zu befriedigen. Sieh das Projekt nicht als karitative Tätigkeit an. Denke an die beteiligten Menschen. Betrachtest du sie in Begriffen von dienen und geholfen werden? Wenn du immer noch diejenigen siehst, die dienen und die, die daraus Nutzen ziehen, dann arbeitest du um deinetwillen und für deine Kollegen und nicht, um zu dienen. Die Prajnparamita-Sutra sagt: „Der Boddhisattva hilft, die anderen Wesen zum anderen Ufer zu bringen, aber tatsächlich gibt es keine Wesen, die man zum anderen Ufer geleiten muß." Beschließe, im Geiste des Nicht-Haftens zu handeln.

Nicht-Haften

Setze dich in den vollen oder halben Lotus. Erinnere dich an die bedeutsamsten Ereignisse deines Lebens und überprüfe jedes einzelne. Untersuche deine Begabungen, deine Tugenden, deine Fähigkeiten und das zusammenkommen günstiger Bedingungen, die zum Erfolg geführt haben. Überprüfe die Selbstgefälligkeit und den Hochmut, die daraus entstanden sind, daß du dich selbst als Hauptgrund für deinen Erfolg ansiehst. Betrachte die ganze Angelegenheit im Lichte der wechselseitigen Abhängigkeit und erkenne, daß der Erfolg in

Wirklichkeit nicht dir gehört, sondern eine Folge des Zusammentreffens unterschiedlicher Bedingungen ist, die außerhalb deiner Reichweite liegen. Erkenne das, damit du nicht an deine Erfolge gebunden bist. Nur wenn du diese Fesseln sprengen kannst, wirst du wirklich frei von ihnen, und sie können dich nicht mehr behelligen.

Rufe dir die bittersten Fehlschläge deines Lebens ins Gedächtnis und überprüfe jeden einzelnen. Untersuche deine Begabungen, deine Tugenden und Fähigkeiten und das Fehlen günstiger Bedingungen, die zu diesem Fehlschlag geführt haben. Versuche, alle Komplexe zu erkennen, die durch das Gefühl entstanden sind, daß du unfähig zum Erfolg seist. Betrachte die ganze Angelegenheit im Lichte der wechselseitigen Abhängigkeit und erkenne, daß Fehlschläge nicht durch Unfähigkeit entstehen, sondern eher durch das Fehlen günstiger Bedingungen. Sieh ein, daß du diese Mißerfolge nicht auf dich nehmen mußt und das sie nicht dein Selbst sind. Erkenne, daß du frei bist von ihnen. Nur wenn du sie loslassen kannst, wirst du wirklich frei von ihnen, und dann können sie dich nicht mehr länger behelligen.

Betrachtungen über das Nicht-Aufgeben

Setze dich in den vollen oder halben Lotus. Folge deinem Atem. Nimm dir eine der Übungen über wechselseitige Abhängigeit vor: du selbst, dein Skelett oder jemand, der gestorben ist. Erkenne, daß alles unbeständig und ohne ewige Identität ist. Erkenne, daß die Dinge, obgleich unbeständig und ohne dauernde Identität, nichtsdestoweniger voller Wunder sind. Weder bist du durch das Bedingte noch durch das Unbedingte gebunden. Erkenne, daß der Heilige weder in den Lehren der wechselseitigen Abhängigkeit gefangen ist, noch von den Lehren abweicht. Obgleich er die Lehren wie kalte Asche hinter sich lassen kann, kann er in ihnen ruhen, ohne zu ertrinken. Er gleicht einem Boot auf dem Wasser. Erkenne, die erwachten Menschen sind keine Sklaven ihres Dienstes an den Lebewesen und hören doch nie auf, ihnen zu dienen.

Bewußt einatmen –
bewußt ausatmen

Der Weg der Achtsamkeit, wie ihn Buddha seine Mönche gelehrt hat, führt über das bewußte Atmen, eine ganz zentrale Übung auf dem Großen Pfad. Solche Lehrreden wurden zuerst mündlich überliefert, dann in späteren Jahrhunderten aufgeschrieben und sind uns bis heute als sogenannte Sutras bekannt.

Die „Vier Grundlagen der Achtsamkeit" sind: 1. Die Achtsamkeit auf den Körper in dem Körper, 2. Die Achtsamkeit auf die Gefühle in den Gefühlen, 3. Die Achtsamkeit auf den Geist in dem Geist, 4. Die Achtsamkeit auf die Objekte des Geistes in den Objekten des Geistes.

Die Lehre (Sutra) vom bewußten Atmen erteilte Buddha an einem Vollmondtag unter freiem Himmel. Thích Nhât Hanh hat für westliche Menschen dieses Sutra und andere neu übersetzt und kommentiert. Damit sind Anleitungen zur Meditation aus erster Hand gegeben.

Die Methoden des bewußten Atmens

„Ich atme ein – ich atme aus", im Sutra des bewußten Atmens werden uns die Vier Grundlagen der Achtsamkeit dargelegt und in sieben Übungen zur Entfaltung und Befreiung des Geistes aufgegliedert. Die durchgehende Achtsamkeit bei all diesen Übungen liegt auf dem bewußten Atem. Es heißt im Anfang des Sutra:

„Da begibt sich der Übende in den Wald oder zum Fuße eines Baumes oder an einen anderen verlassenen Ort, setzt sich im Lotussitz nieder, hält den Körper gerade aufgerichtet und richtet die Achtsamkeit vor sich. Einatmend weiß er, daß er einatmet und ausatmend weiß er, daß er ausatmet.

1. Bei einer langen Einatmung weiß er: „Ich atme lang ein". Bei einer langen Ausatmung weiß er: „Ich atme lang aus".
2. Bei einer kurzen Einatmung weiß er: „Ich atme kurz ein". Bei einer kurzen Ausatmung weiß er: „Ich atme kurz aus".
3. „Ich atme ein, meinen ganzen Körper bewußt wahrnehmend. Ich atme aus, meinen ganzen Körper bewußt wahrnehmend." So übt er sich.
4. „Ich atme ein, meinen Körper ruhig und friedvoll werden lassend. Ich atme aus, meinen Körper ruhig und friedvoll werden lassend." So übt er sich.
5. „Ich atme ein, ein Gefühl der Freude empfindend. Ich atme aus, ein Gefühl der Freude empfindend." So übt er sich.
6. „Ich atme ein, ein Gefühl des Glücks empfindend. Ich atme aus, ein Gefühl des Glücks empfindend." So übt er sich.
7. „Ich atme ein, die Aktivitäten des Geistes in mir bewußt wahrnehmend. Ich atme aus, die Aktivitäten des Geistes in mir bewußt wahrnehmend." So übt er sich.
8. „Ich atme ein, die Aktivitäten meines Geistes ruhig und friedvoll werden lassend. Ich atme aus, die Aktivitäten meines Geistes ruhig und friedvoll werden lassend." So übt er sich.
9. „Ich atme ein, meinen Geist bewußt wahrnehmend. Ich atme aus, meinen Geist bewußt wahrnehmend." So übt er sich.

10. „Ich atme ein, meinen Geist glücklich und friedvoll werden lassend." So übt er sich.
11. „Ich atme ein, meinen Geist konzentrierend. Ich atme aus, meinen Geist konzentrierend." So übt er sich.
12. „Ich atme ein, meinen Geist befreiend. Ich atme aus, meinen Geist befreiend." So übt er sich.
13. „Ich atme ein, die unbeständige Natur aller Dharmas beobachtend. Ich atme aus, die unbeständige Natur aller Dharmas beobachtend." So übt er sich.
14. „Ich atme ein, das Erlöschen aller Dharmas beobachtend. Ich atme aus, das Erlöschen aller Dharmas beobachtend." So übt er sich.
15. „Ich atme ein, die vollkommene Befreiung betrachtend. Ich atme aus, die vollkommene Befreiung betrachtend." So übt er sich.
16. „Ich atme ein, das Loslassen betrachtend. Ich atme aus, das Loslassen betrachtend." So übt er sich.

Wird die Achtsamkeit auf die Atmung in Übereinstimmung mit diesen Anweisungen fortwährend entfaltet und geübt, so wird sie reiche Früchte tragen und von großem Gewinn sein."

Fortwährendes Üben

„In welcher Weise nun entfaltet und übt man fortwährend die Achtsamkeit auf die Atmung, um mit Erfolg die Vier Grundlagen der Achtsamkeit zu üben?"

„Wenn der Übende lang einatmet oder ausatmet oder kurz einatmet oder ausatmet, er seinen Atem oder seinen ganzen Körper bewußt wahrnimmt, oder wenn er einatmet und ausatmet, um seinen Körper ruhig und friedvoll werden zu lassen, dann verbleibt er zu der Zeit friedvoll bei der Beobachtung des Körpers im Körper, ist beharrlich und vollkommen wach, versteht klar seinen Zustand und ist über jedes Verlangen wie auch jedes Gefühl der Abneigung hinsichtlich des Lebens hinausgegangen. In diesem Fall gehört das Einatmen und Ausatmen in voller Achtsamkeit zu der ersten Grundlage der Achtsamkeit, nämlich dem Körper."

„Wenn der Übende einatmet oder ausatmet, er ein Gefühl der Freude oder des Glücks empfindet oder die Aktivitäten bewußt wahrnimmt; wenn er einatmet und ausatmet, um die Aktivitäten seines Geistes ruhig und friedvoll werden zu lassen, dann verbleibt er zu der Zeit friedvoll bei der Beobachtung der Gefühle in den Gefühlen, ist beharrlich und vollkommen wach, versteht klar seinen Zustand und ist über jedes Verlangen wie auch jedes Gefühl der Abneigung hinsichtlich des Lebens hinausgegangen. In diesem Fall gehört das Einatmen und Ausatmen in voller Achtsamkeit zu der zweiten Grundlage der Achtsamkeit, nämlich den Gefühlen."

„Wenn der Übende einatmet oder ausatmet, er seinen Geist bewußt wahrnimmt; oder wenn der Übende einatmet und ausatmet, um den Geist ruhig und friedvoll werden zu lassen, oder um den Geist in Konzentration zu sammeln oder um den Geist zu befreien, dann verbleibt er zu der Zeit friedvoll bei der Beobachtung des Geistes im Geist, ist beharrlich und vollkommen wach, versteht klar seinen Zustand und ist über jedes Verlangen wie auch jedes Gefühl der Abneigung hinsichtlich des Lebens hinausgegangen. Ohne die Achtsamkeit auf die Atmung kann das Vermögen, im gegenwärtigen Moment zu verbleiben, nicht entfaltet werden und das Verstehen kann nicht wachsen."

„Wenn der Übende einatmet oder ausatmet, er die wesenshafte Unbeständigkeit oder das Erlöschen aller Dharmas beobachtet oder Befreiung oder Loslassen betrachtet, dann verbleibt er zu der Zeit friedvoll bei der Beobachtung der Objekte des Geistes in den Objekten des Geistes, ist beharrlich und vollkommen wach, versteht klar seinen Zustand und ist über jedes Verlangen wie auch jedes Gefühl der Abneigung hinsichtlich des Lebens hinausgegangen."

„Wird die Übung der Achtsamkeit auf die Atmung fortwährend entfaltet und geübt, so führt sie zur vollkommenen Ausbildung der Vier Grundlagen der Achtsamkeit."

Die Übungsmethoden

Die Entfaltung unserer Konzentration und die Beobachtung all dessen, was existiert, lassen uns zur Befreiung gelangen, zur Freiheit von allem Gebundensein. An was sind wir gebunden, und was verhindert, daß wir frei sein können?

Hier ist zu allererst unsere Neigung zu nennen, immer wieder in Achtlosigkeit zurückzufallen und unsere Aufmerksamkeit für das, was geschieht, zu verlieren.

Wir leben, als wären wir in einem Traum. Wir werden in die Vergangenheit zurückgeworfen und in die Zukunft hineingezerrt. Wir sind durch unseren Kummer gebunden, durch unser Festhalten an Wut, Angst und Unruhe.

„Befreiung" bedeutet hier, daß wir darüber hinausgehen und diese Bedingungen hinter uns lassen, um vollkommen wach, voller Freude und Lebendigkeit, entspannt und in Frieden zu leben. Wenn wir so leben, können wir erfahren, daß das Leben wert ist, gelebt zu werden, und wir werden für unsere Familie, für alle, die mit uns leben, eine stete Quelle der Freude sein. Im Buddhismus wird oft über „Befreiung" gesprochen, einer Befreiung, in der wir über alles hinausgehen und Leben und Tod hinter uns lassen. Wir fühlen uns zumeist durch den Tod bedroht. Wieviel Unruhe und Furcht gründen nicht in der Angst vor dem Tod! Meditation kann uns helfen, uns von diesen Fesseln der Angst zu befreien.

Im folgenden möchte ich die Methoden, das Sutra des bewußten Atems in die Praxis umzusetzen, näher erläutern. In Übereinstimmung mit dem Geist und Stil des Sutras sind meine Darlegungen einfach und schlicht.

Sucht euch bitte jeweils die Methode aus, die euch in eurer gegenwärtigen Situation am angemessensten erscheint und übt sie als erste. Obgleich die sechzehn Methoden der Achtsamkeit auf die Atmung sehr eng miteinander verbunden sind, entspricht ihre Reihenfolge im Sutra nicht einem Aufbau, der notwendigerweise von einfach zu schwer verläuft.

Jede Methode ist ebenso wunderbar, ebenso leicht und ebenso schwer wie jede andere. Man kann jedoch sagen, daß die einführenden Anweisungen größeren Nachdruck legen auf die Entfaltung unserer Konzentration, auf die unzerstreute Gerichtetheit unseres Geistes, und in den darauf folgenden Methoden eher die Bedeutung der Beobachtung betont wird, obwohl natürlich unzerstreute Gerichtetheit und Beobachtung nicht getrennt voneinander sein können. Ist unser Geist unzerstreut auf ein Objekt gerichtet, so ist Beobachtung mehr oder weniger schon gegenwärtig, und wenn Beobachtung geschieht, dann ist auch unser Geist unzerstreut gerichtet.

Die Objekte der Achtsamkeit, die im folgenden vorgestellt werden, können in sieben Bereiche untergliedert werden:
1. Das Folgen des Atems im täglichen Leben – die Umwandlung von Achtlosigkeit und unnötigem Denken (Methode 1–2)
2. Die Achtsamkeit auf den Körper (Methode 3)
3. Das Verwirklichen der Einheit von Körper und Geist (Methode 4)
4. Uns selbst nähren mit der Freude der Meditation (Methode 5–6)
5. Das Beobachten der Gefühle, um sie zu beleuchten (Methode 7–8)
6. Das Kontrollieren und Befreien des Geistes (Methode 9–12)
7. Das Beobachten aller Dharmas, um ihre wahre Natur zu durch-leuchten (Methode 13 bis 16)

(Für jeden) ist es wichtig zu wissen, wie man dem Atem im täglichen Leben folgen kann und wie man sich mit der Freude der

Meditation nährt. Daher sollen wir bei jeder Sitz-Meditation mit den Methoden beginnen, die diese Aspekte zu entfalten helfen (Bereiche 1 und 4) und uns erst danach den anderen zuwenden.

Jedesmal wenn wir spüren, daß wir verärgert, zerstreut und unruhig sind, ist es gut, unsere Gefühle zu beobachten, um sie genauer zu beleuchten (Bereich 5).

Das Beobachten aller Dharmas, um ihre wahre Natur zu durchleuchten (7. Bereich) ist das Tor, das zur Befreiung von Leben und Tod führt, und alle, die großes Verstehen erlangen wollen, müssen dieses Tor passieren. Dieser Bereich ist das größte Geschenk, das der Buddha uns gegeben hat. In den ersten sechs Bereichen geht es sowohl um die unzerstreute Gerichtetheit unseres Geistes als auch um die Beobachtung; im siebten Bereich liegt die Betonung auf der Beobachtung. Und wir sollten uns auf diesen Bereich erst einlassen, wenn wir ein äußerst stabiles Konzentrationsvermögen entwickelt haben.

Die Freude der Meditation

(Methode 5 und 6)
Alle, die meditieren, sollten wissen, wie sie sich mit der Freude der Meditation nähren können, mit dem Frieden und der Freude, die aus meditativer Konzentration erwächst, um zu wirklicher Reife gelangen zu können und der Welt zu helfen.

Das Leben in dieser Welt ist leidvoll und wunderbar zugleich. In den buddhistischen Traditionen der Südlichen Schulen wird mehr der leidvolle Aspekt des Lebens hervorgehoben, während die Traditionen der Nördlichen Schulen uns helfen, die Wunder des Lebens zu erkennen und zu würdigen. Der violette Bambus, die gelben Blumen, weißen Wolken, der Vollmond, sie alle sind der wunderbare Ausdruck des Dharmakaya, des Dharmakörpers. Auch der menschliche Körper ist ein Wunder, etwas unendlich wunderbares, obgleich er unbeständig, ohne ein unabhängiges Selbst und an das Leiden gebunden ist.

Die ursprüngliche Freude, die in uns erwächst, wenn wir meditieren, ist zu vergleichen mit dem Empfinden, das wir erfahren, wenn wir die Stadt mit all ihrer Hyperaktivität und Hektik verlassen haben und auf dem Land allein unter einem Baum sitzen. Wir fühlen uns vollkommen ruhig, friedvoll und voller Freude und empfinden eine Erleichterung, als hätten wir ein schwieriges Examen abgeschlossen und wären nun für immer aller Sorgen ledig.

Am Ende eines anstrengenden Tages könnt ihr den Fernseher ausschalten und ein Räucherstäbchen entzünden, um den Raum wohlriechend zu machen. Ihr setzt euch mit verschränkten Beinen hin und beginnt eurem Atem aufmerksam zu folgen. Auf eurem Gesicht zeigt sich ein leichtes Lächeln, ein Halb-Lächeln, und ihr werdet eine große Freude empfinden. Dies sind die ersten Empfindungen von Freude und Frieden, die ihr durch Meditation erfahren könnt. Die fünfte Atemmethode: „Ich atme ein, ein Gefühl der Freude empfindend; ich atme aus, ein Gefühl der Freude empfindend" hilft uns, dieser Empfindungen gewahr zu werden. Wenn ihr alles, was euch den Tag über beschäftigt hat, allen Streß und alle Schwierigkeiten, loslassen könnt, werdet ihr in der Meditation von Freude erfüllt sein, und es wird euch dann ohne Mühe gelingen, einen Zustand des Friedens und Glücks zu erreichen.

Die sechste Methode: „Ich atme ein, ein Gefühl des Glücks empfindend; ich atme aus, ein Gefühl des Glücks empfindend" hilft uns, dieses Gefühl des Glücks bewußt zu erfahren. Dieses Gefühl des Glücks steigt in uns auf, wenn wir von den Sorgen und Problemen, die uns unausgesetzt beschäftigen, frei werden; es steigt auf, wenn Körper und Geist ruhig und entspannt sind. Haben wir Zahnschmerzen, so wissen wir mit einem Male, daß ‚keine Zahnschmerzen haben', ein angenehmes Gefühl ist. Doch nehmen die meisten von uns dieses angenehme Gefühl nicht bewußt wahr, solange sie keine Zahnschmerzen haben. Erst wenn wir blind sind, wird uns bewußt, daß es etwas wunderbares ist, den blauen Himmel und die weißen Wolken sehen zu können. Solange wir sehen können, sind wir uns dieses Wunders nur selten bewußt.

Zu meditieren bedeutet, sowohl die leidvollen als auch die wunderbaren Dinge wahrzunehmen und sich ihrer bewußt zu sein.

Die Empfindung des Glücks ist Nahrung für den Meditierenden, und es ist nicht notwendig, außerhalb unserer selbst nach ihr zu suchen. Wir müssen uns nur bewußt sein, daß es dieses Glück in uns gibt, und wir können es unmittelbar erfahren.

Angenehme Gefühle sind wie die Luft, die uns umgibt, wir können sie in jedem Moment genießen. In der buddhistischen Psychologie unterscheidet man drei Arten von Gefühlen: angenehme, unangenehme und neutrale (weder angenehm noch unangenehm). Aber wenn wir meditieren, erfahren wir, daß wir die neutralen Gefühle in angenehme umwandeln können, und uns selbst nähren können. Angenehme Gefühle, die umgewandelte, ehemals neutrale Gefühle sind, sind heilsamer und andauernder als andere angenehme Gefühle. Das Glück der Meditation, das uns fortwährend nähren kann, läßt uns ruhiger und entspannter mit uns und anderen umgehen. Wir werden geduldiger, toleranter, mitfühlender und unser Glück überträgt sich auf alle, die um uns sind.

Nur wenn wir selbst in uns Frieden haben, können wir den Frieden auch mit anderen teilen. Nur dann haben wir genügend Kraft und Geduld, um anderen zu helfen, und sich in der Lage, Schwierigkeiten und Nöten mit Geduld und Ausdauer zu begegnen.

Das Beobachten der Gefühle

(Methode 7 und 8)
In der siebten und achten Atemmethode bleibt unsere Aufmerksamkeit auf unsere Gefühle gerichtet. Es geht aber nun

nicht mehr nur um die angenehmen Gefühle, sondern um die Wahrnehmung aller Gefühle, also auch der unangenehmen. Ärger, Angst, Wut, Überdruß und Langeweile sind unangenehme Gefühle. Welches Gefühl nun auch immer gegenwärtig sein mag, wir versuchen, es zu identifizieren, erkennen, daß es da ist, und lassen die Sonne unserer Bewußtheit erstrahlen, um dieses Gefühl zu beleuchten. Dies geschieht durch Beobachtung.

Unsere Aufmerksamkeit ist sowohl auf unseren Atem als auch auf das jeweils gegenwärtige Gefühl gerichtet. Wenn wir z. B. verärgert sind, müssen wir erkennen: „Dieser Ärger ist in mir. Ich bin dieser Ärger", und wir atmen in dieser Achtsamkeit ein und aus.

Im Buddhismus basiert die beobachtende Meditation auf dem Prinzip der Nicht-Dualität. Wir betrachten den Ärger nicht als einen äußeren Feind, der in uns eingedrungen ist, sondern wir sehen, daß wir im gegenwärtigen Moment genau dieser Ärger sind. Dank dieser Einstellung müssen wir uns nicht länger anstrengen, diesen Ärger zu bekämpfen, zu vertreiben oder zu vernichten. In der beobachtenden Meditation richten wir in uns keine Schranken zwischen gut und böse auf und verwandeln uns selbst nicht in ein Schlachtfeld. Genau das sucht der Buddhismus zu vermeiden. Wir müssen lernen, gewaltlos und mitfühlend mit unserem Ärger umzugehen. Wir sollten ihn mit einem Herzen voller Liebe betrachten, so als würden wir unsere kleine Schwester betrachten.

Wir entzünden das Licht der Bewußtheit, das aus unserem Vermögen erwächst, im gerade gegenwärtigen Moment zu bleiben, und indem wir achtsam ein- und ausatmen, ermöglichen wir diesem Licht, unverwandt zu strahlen. Im Lichte der Bewußtheit wird das Gefühl des Ärgers allmählich verwandelt. Es wird nicht zerstört oder vernichtet, sondern transformiert. Jedes Gefühl ist ein Energiefeld. Ein angenehmes Gefühl ist Energie, die uns nähren kann; Ärger ist ein Gefühl mit einem zerstörerischen Potential. Im Lichte der Bewußtheit kann jedoch die Energie des Ärgers in eine nährende Energie verwandelt werden.

Gefühle haben ihren Ursprung entweder im Körper oder in unseren Wahrnehmungen. Leiden wir unter Schlaflosigkeit, so fühlen wir uns dauernd müde und gereizt. Diese Gefühle haben ihren Ursprung im Körper. Nehmen wir eine Person oder ein Objekt falsch wahr, so empfinden wir vielleicht Ärger, Enttäuschung oder Wut. Diese Gefühle haben ihren Ursprung in der Wahrnehmung. Nach buddhistischer Ansicht sind unsere Wahrnehmungen oft ungenau oder falsch und sind so die Ursache unseres Leidens. Die Übung der Achtsamkeit bedeutet, daß wir sehr genau hinschauen, um die wahre Natur aller Erscheinungen zu erkennen, und um über unsere falschen Wahrnehmungen hinauszugehen. Wenn wir ein Seil als eine Schlange ansehen, werden wir vor Angst aufschreien. Angst ist ein Gefühl, und ein Seil mit einer Schlange zu verwechseln, ist eine falsche Wahrnehmung.

Wenn wir in unserem täglichen Leben maßvoll leben und unseren Körper bei guter Gesundheit halten, können wir die schmerzlichen Gefühle, die ihren Ursprung im Körper haben, vermindern. Indem wir jede Erscheinung klar und sorgfältig beobachten und die Grenzen unseres Verstehens erweitern und öffnen, können wir die schmerzlichen Gefühle, die ihren Ursprung in der Wahrnehmung haben, vermindern. Ein Gefühl zu beobachten, um es zu beleuchten, beinhaltet, daß wir die Vielzahl von Ursachen, die zum Entstehen dieses bestimmten Gefühls beigetragen haben, zu erkennen suchen, und zwar sowohl die unmittelbaren als auch die ferneren oder tiefliegenden Ursachen. Tief einzudringen in jedes Gefühl, das wir erkennen, bedeutet, seine wirkliche Natur zu entdecken.

Wenn ein Gefühl des Ärgers oder der Angst in uns gegenwärtig ist, versuchen wir, es bewußt wahrzunehmen und diese bewußte Wahrnehmung durch unser achtsames Atmen zu nähren. Sind wir unseres Atems bewußt und sind wir voller Geduld, so werden wir immer tiefer in die wahre Natur dieses Gefühls hineinschauen. So schauend, gelangen wir zu Verstehen, und wenn wir verstehen, sind wir frei.

Die siebte Methode bezieht sich auf die Aktivität des Geistes: „Ich atme ein, die Aktivitäten des Geistes in mir bewußt wahrnehmend. Ich atme aus, die Aktivitäten des Geistes in mir bewußt wahrnehmend." Mit den „Aktivitäten des Geistes" sind hier das Entstehen oder Aufsteigen eines Gefühls, sein Andauern und sein Vergehen, um etwas anderes zu werden, gemeint.

Die achte Methode zielt auf die Umwandlung der Energie unserer Gefühle hin: „Ich atme ein, die Aktivitäten des Geistes in mir ruhig und friedvoll werden lassend. Ich atme aus, die Aktivitäten des Geistes in mir ruhig und friedvoll werden lassend." Indem wir die wahre Natur jedes Gefühls beobachten, können wir seine Energie umwandeln in eine Energie des Friedens und der Freude. Wenn wir jemanden wirklich verstehen, können wir ihn oder sie akzeptieren und lieben. Haben wir die Person einmal akzeptiert, werden wir ihr nicht länger vorwurfsvoll begegnen oder Ärger über sie empfinden. Die Energie des Gefühls des Ärgers kann so in die Energie der Liebe verwandelt werden.

Frieden finden
in der Sonne des Herzens

Die Übung der Achtsamkeit beginnt mit dem bewußten Atmen. Sie geht aber über das bewußte Atmen und die stille Meditation weit hinaus und erstreckt sich auf sämtliche alltägliche Verrichtungen. Die Schrift von Thích Nhât Hanh „Die Sonne, mein Herz" zeigt viele praktische Übungen zu einer solchen Meditation des Alltags: beim Zuknöpfen der Jacke, bei der Gartenarbeit oder beim Kochen eines Topfes Mais. Sie gibt Anleitungen, unser Schicksal selbst in die Hände zu nehmen und zeigt Beispiele, wie wir erkennen, daß in einem Staubkorn das ganze Universum ist, also daß Geist und Objekt Eins sind. Die Furcht vor dem Tod oder dem Leben zu verlieren, eben das Netz von Geburt und Tod zu durchbrechen sind Themen dieser Schrift: „Blicke in deine Hand", sagte eine Mutter zu ihrem scheidenden Sohn, „und ich werde immer bei dir sein." Wie finden wir Frieden in der Sonne des Herzens? Die Sonne des Bewußtseins, sie entsteht im Herzen des Selbst. So wie die Blüte und Blätter nur Teile einer Pflanze sind, sind Wahrnehmungen, Gefühle und Gedanken nur Teile des Selbst.

> *Sonnenschein ist grüne Blätter*
> *Klein ist nicht innen*
> *Groß ist nicht außen*
> *Die Sonne, mein Herz.*

Sonnenschein und grüne Blätter

Zu Beginn nehmen Meditierende gewöhnlich an, sie hätten alle Gedanken und Gefühle (oft ‚falscher Geist' genannt) zu unterdrücken, um Bedingungen zu schaffen, die für Konzentration und Verständnis (genannt ‚richtiger Geist') günstig sind. Sie benützen dabei Methoden wie, ihre Aufmerksamkeit auf ein Objekt einzustellen oder ihre Atemzüge zu zählen, um Gedanken und Gefühle auszuschließen. Sich auf ein Objekt zu konzentrieren und den Atem zu zählen, das sind ausgezeichnete Methoden, aber sie sollten nicht benützt werden, um zu unterdrücken oder zu verdrängen. Wir wissen, sobald es Unterdrückung gibt, gibt es Rebellion – Unterdrückung zieht Rebellion nach sich. Echter Geist und falscher Geist sind eins. Den einen verleugnen heißt, den anderen verleugnen. Unser Geist ist unser Selbst. Wir können ihn nicht unterdrücken. Wir müssen ihn mit Respekt, mit Sanftmut und absolut ohne Gewalt behandeln. Nachdem wir nicht einmal wissen, was unser ‚Selbst' ist, wie können wir dann wissen, ob es echt oder falsch ist, und ob oder was wir unterdrücken sollen? Das Einzige, was wir tun können, ist, das Sonnenlicht der Bewußtheit auf unser ‚Selbst' scheinen zu lassen und es zu erleuchten, so daß wir es direkt sehen können.

So, wie Blüten und Blätter nur Teile einer Pflanze sind, und so, wie Wellen nur ein Teil des Meeres sind, sind Wahrnehmungen, Gefühle und Gedanken nur Teile des Selbst. Blüten und Blätter sind natürliche Manifestationen von Pflanzen, und Wellen sind natürliche Ausdrucksformen von Meeren. Es ist sinnlos zu versuchen, sie zu verdrängen oder zu unterdrücken. Es ist unmöglich. Wir können sie nur beobachten. Weil sie existieren, können wir ihren Ursprung finden, der genau derselbe ist, wie unser eigener.

Die Sonne des Bewußtseins entsteht im Herzen des Selbst. Es ermöglicht dem Selbst, das Selbst zu erleuchten. Es erleuchtet nicht nur alle Gedanken und Gefühle, die da sind. Es erleuchtet auch sich selbst.

Der Strom unserer Wahrnehmungen fährt fort zu fließen, aber jetzt, im Sonnenlicht des Bewußtseins, fließt er friedlich, und wir sind froh und gelassen. Die Beziehung zwischen dem Fluß von Wahrnehmungen und der Sonne des Bewußtseins ist nicht die gleiche wie die zwischen einem wirklichen Fluß und der wirklichen Sonne. Ob es Mitternacht oder Mittag ist, ob die Sonne weg ist, oder ihre durchdringenden Strahlen herunterscheinen – die Wasser des Missisippi-Stromes fahren fort, zu fließen, mehr oder weniger unverändert. Aber wenn die Sonne des Bewußtseins auf den Fluß unserer Wahrnehmungen scheint, ist der Geist verwandelt. Beide, Fluß und Sonne, sind von gleichem Wesen.

Laßt uns die Beziehung zwischen der Farbe von Blättern und dem Sonnenlicht betrachten, die auch beide von gleichem Wesen sind. Bei Mitternacht läßt das Licht der Sterne und des Mondes nur die Form der Bäume und Blätter erkennen. Aber wenn die Sonne plötzlich scheinen würde, würde sofort die grüne Farbe der Blätter erscheinen. Das zarte Grün der Blätter im April existiert, weil das Sonnenlicht existiert. Eines Tages, als ich in einem Wald sitzend das *Prajña Paramita Herz Sutra* nachahmte, schrieb ich:

> Sonnenschein ist grüne Blätter
> Grüne Blätter sind Sonnenschein
> Sonnenschein ist nicht verschieden
> von grünen Blättern
> Grüne Blätter sind nicht verschieden
> von Sonnenschein
> Das gleiche gilt für alle Formen und Farben.

Sobald die Sonne des Gewahrseins scheint, im selben Augenblick, geschieht eine große Veränderung. Meditation läßt ganz leicht die Sonne des Gewahrseins aufgehen, so daß wir deutlicher sehen können. Wenn wir meditieren, scheinen wir zwei Selbst zu haben. Das eine ist der fließende Fluß der Gedanken und Gefühle, und das andere ist die Sonne des Gewahrseins, die darauf scheint. Welches ist unser eigenes Selbst? Welches ist echt? Welches falsch? Welches ist gut? Welches schlecht?

Beruhige dich, mein Freund. Lege dein scharfes Schwert begrifflichen, vorstellungsbehafteten Denkens nieder. Sei nicht so eilig, dein ‚Selbst' entzweizuschneiden. Beide sind Selbst. Keiner von beiden ist falsch. Beide sind sie echt und falsch.

Wir wissen, daß Licht und Farbe keine getrennten Erscheinungen sind. In gleicher Weise sind die Sonne des Selbst und der Fluß des Selbst nicht verschieden. Sitze mit mir, laß ein Lächeln auf deinen Lippen sich bilden, laß deine Sonne scheinen, schließe deine Augen, wenn es nötig sein sollte, um dein Selbst deutlicher zu sehen. Deine Sonne des Gewahrseins ist nur ein Teil deines Flusses des Selbst, nicht wahr? Es gehorcht denselben Gesetzen, wie alle psychologischen Phänomene: es entsteht und vergeht. Um etwas unter dem Mikroskop zu untersuchen, muß der Wissenschaftler Licht auf das Objekt, das untersucht wird, scheinen lassen. Um das Selbst zu beobachten, mußt du auch Licht darauf scheinen lassen, das Licht des Gewahrseins.

Eben habe ich dir gesagt, daß du dein Schwert der Vorstellungsbildungen niederlegen sollst und nicht dein Selbst in Teile zerschneiden sollst. Tatsächlich kannst du es auch gar nicht, selbst wenn du es wolltest. Meinst du, du könntest den Sonnenschein von der grünen Farbe der Blätter trennen? Ebensowenig kannst du das beobachtende Selbst trennen von dem beobachteten Selbst. Wenn die Sonne des Gewahrseins scheint, ist das Wesen der Gedanken und Gefühle verwandelt. Es ist eins mit dem beobachtenden Geist, aber sie bleiben verschieden, so, wie das Grün der Blätter und der Sonnenschein. Dränge nicht von der Idee von „zwei" zu der Vorstellung von „eins". Diese immer gegenwärtige Sonne des Gewahrseins ist zur gleichen Zeit ihr eigenes Objekt. Wenn eine Lampe angeschaltet wird, wird die Lampe selbst auch ins Licht gebracht. „Ich weiß, daß ich weiß." „Ich bin mir bewußt, daß ich bewußt bin." Wenn du denkst: „Die Sonne des Gewahrseins ist bei mir ausgegangen", so erleuchtet sie sich zu diesem Zeitpunkt erneut, schneller als mit Lichtgeschwindigkeit.

Geist und Objekt sind eines

Neulich, als ich am Nachmittag zu meiner Hütte zurückkehrte, schloß ich alle Türen und Fenster, weil es so windig war. Heute morgen ist mein Fenster offen, und ich kann den kühlen, grünen Wald sehen. Die Sonne scheint, und ein Vogel singt wunderbar. Die kleine Thuy ist schon zur Schule gegangen. Ich muß einen Augenblick mit Schreiben innehalten, damit ich zu den Bäumen blicken kann, die sich über dem Berghang erstrecken. Ich bin mir ihrer und meiner eigenen Gegenwart gewahr. Es ist nicht immer nötig, daß wir, um konzentriert zu sein, unsere Sinnestore schließen. Um es einfacher zu machen, können Meditierende im Anfangsstadium es vorteilhaft finden, ihre Augen- und Ohren-Fenster zu schließen; doch ist Konzentration auch möglich, wenn diese Fenster offen sind. Sinnesobjekte existieren nicht nur außerhalb des Körpers. Selbst wenn wir nicht sehen, hören, riechen oder spüren, können wir doch nicht die Gefühle innerhalb unserer Körper unbeachtet lassen. Wenn du Zahnweh hast oder einen Krampf im Bein, dann fühlst du den Schmerz. Wenn alle deine Organe gesund sind, dann empfindest du ein Wohlgefühl. Der Buddhismus spricht von drei Arten von Gefühlen: angenehmen, unangenehmen und neutralen. Doch in Wirklichkeit können sogenannte neutrale Gefühle recht angenehm sein, wenn wir nur ihrer gewahr sind.

Die Gefühle innerhalb des Körpers sind ein unaufhörlicher Strom, gleichgültig, ob wir ihrer gewahr sind, oder nicht; deshalb ist das „Schließen aller unserer Sinnestore" in Wirklichkeit nicht möglich. Selbst wenn wir irgendwie in der Lage wären, sie zu verbarrikadieren, würde der Geist und das Bewußtsein weiter arbeiten und aus unserem Gedächtnis würden uns Bilder, Vorstellungen und Gedanken aufsteigen. Meditieren wäre, so denken manche Menschen, uns von der Welt der Gedanken und Gefühle abzutrennen und zurückzukehren zu einer Art reinem Zustand, in dem der Geist als solcher Betrachtung hält und ‚reiner Geist' wird. Das ist eine hübsche Idee, aber vom Ansatz her irreführend. Nachdem Geist nicht getrennt ist von der Welt der Gedanken und Gefühle, wie sollte er dann fortgehen und sich in sich selbst zurückziehen? Wenn ich auf die Bäume sehe, die vor mir stehen, dann geht mein Geist nicht aus mir heraus in den Wald, und er öffnet auch nicht eine Türe, um die Bäume herein zu lassen. Mein Geist richtet sich auf die Bäume, aber sie sind nicht ein abgesondertes Objekt. Mein Geist und die Bäume sind eins. Die Bäume sind nur eine der wunderbaren Manifestationen des Geistes.

> Wald.
> Tausende von Baum-Körpern und meiner.
> Blätter winken,
> Ohren, die den Ruf des Flusses vernehmen,
> Augen schauen den Himmel des Geistes,
> Ein Halb-Lächeln entfaltet sich auf jedem Blatt.
> Hier ist ein Wald,
> Weil ich hier bin.
> Doch der Geist ist dem Wald gefolgt
> Und hat sich in Grün gekleidet

Der Weise geht in Samadhi, und er oder sie weiß nicht, daß es eine äußere Welt gibt, aus der man sich heraus halten soll, oder eine innere Welt, die man ergründen soll. Die Welt offenbart sich selbst, selbst wenn die Augen geschlossen sind. Die Welt ist weder innen noch außen. Sie ist wesentlich und vollständig in jedem Objekt der Kontemplation – dem Atem, der Nasenspitze, einem kung-an, oder irgend etwas anderem, mag es so klein wie Staubteilchen oder so riesig wie ein Berg sein. Was immer das Objekt auch sei, es ist nicht losgelöst von der letzten Wirklichkeit. In Wahrheit enthält es die umfassende Gesamtheit der Wirklichkeit.

Klein ist nicht innen, groß ist nicht außen

Ich möchte dich einladen, mit mir zu meditieren. Setze dich bitte in eine Haltung, welche dir zu entspannen erlaubt, so daß du es bequem hast, und richte deine Aufmerksamkeit auf dein Atmen, und laß sie ganz fein, ganz leicht werden. Nach einigen Augenblicken richte dann deine Aufmerksamkeit auf die

Gefühle in deinem Körper. Wenn du irgend einen Schmerz fühlst oder Unwohlsein, oder wenn du irgend etwas Angenehmes empfindest, so bringe deine Aufmerksamkeit dorthin und genieße die Empfindung mit deinem ganzen erwachten Bewußtsein. Bemerke nach einer Weile das Arbeiten deiner verschiedenen Organe – Herz, Lungen, Nieren, Verdauungssystem, usw. Normalerweise arbeiten diese Organe ohne Schwierigkeit und lenken deine Aufmerksamkeit nicht auf sich, es sei denn, daß sie schmerzen. Bemerke, wie das Blut fließt wie ein Fluß auf dem Land, der die Felder mit frischem Wasser nährt.

Du weißt, daß dieser Fluß mit Blut alle Zellen deines Körpers nährt, und daß deine Organe, die aufgebaut sind aus Zellen, das Blut anreichern (Verdauungssystem), reinigen (Leber, Lunge) und vorwärtstreiben (Herz). Alle die Organe des Körpers, einschließlich des Nervensystems und der Drüsen verlassen sich aufeinander zu ihrer Existenz. Die Lungen sind notwendig für das Blut, so gehören die Lungen zum Blut. Blut ist notwendig für die Lungen, deshalb gehört Blut zu den Lungen. In gleicher Weise können wir sagen, daß Lungen zum Herz gehören, die Leber zu den Lungen, usw. und wir sehen, daß jedes Organ im Körper die Existenz aller anderen voraussetzt. Man nennt dies in dem *Avatamsaka Sutra* „die gegenseitige Abhängigkeit aller Dinge". Ursache und Wirkung werden nicht mehr wahrgenommen als linear, sondern als Netz, nicht zweidimensional, sondern als ein System zahlloser Netze, in allen Richtungen miteinander verwoben in einem multidimensionalen Raum. Nicht nur, daß alle Organe in sich selbst die Existenz aller anderen Organe enthalten, auch jede Zelle enthält in sich alle anderen Zellen. Eines ist gegenwärtig in allen und alle sind gegenwärtig in jedem Einzelnen. Dies wird in dem *Avatamsaka Sutra* deutlich zum Ausdruck gebracht mit „Eins ist Alles, Alles ist Eins".

Wenn wir dies voll verstehen, dann sind wir befreit von der Fallgrube des Denkens in „eins" und „viele", einer Denkgewohnheit, die uns so lange gefangen hielt. Wenn ich sage: „Eine Zelle enthält alle anderen Zellen in sich", dann verstehe mich nicht falsch und denke nicht, daß es irgendwelche Möglichkeiten gibt, das Volumen einer Zelle so auszudehnen, daß sie alle anderen in sich enthalten kann. Ich wollte sagen, daß die Gegenwart einer Zelle das Vorhandensein aller anderen Zellen voraussetzt, weil sie nicht unabhängig und getrennt voneinander existieren können. Ein vietnamesischer Zen-Meister sagte einmal: „Wenn es dieses bißchen Staub nicht geben würde, könnte das ganze Universum nicht existieren."

Wenn ein erleuchteter Mensch auf ein bißchen Staub blickt, sieht er das ganze Universum. Menschen, die zu meditieren beginnen, sind in der Lage, dies durch Betrachtung und Nachdenken zu verstehen, obwohl sie es nicht so deutlich sehen können wie ein Apfel in ihrer Hand. Das *Avatamsaka Sutra* enthält Sätze, die Leser, die nicht über das Prinzip der gegenseitigen Abhängigkeit meditiert haben, erschrecken und verwirren können:

„In jedem Teilchen Staub sehe ich unzählige Buddha-Welten, in jeder dieser Welten sehe ich unzählige Buddhas strahlen, ihre kostbaren Auras leuchten."

„Eine Welt in alle Welten stellend, alle Welten in eine Welt stellend." „Unzählige Berge Sumeru können an einem Ende eines Haares aufgehängt sein."

In der Welt der Erscheinungen hat es den Anschein, daß Dinge als getrennte Einheiten an spezifischen Orten existieren: „Dieses" außerhalb von „jenem". Doch wenn wir das Prinzip der gegenseitigen Abhängigkeit ganz durchschauen, dann sehen wir, daß der Eindruck der Getrenntheit unrichtig ist. Jedes Objekt ist zusammengesetzt und erhält zugleich alle anderen. Im Licht der Meditation über gegenseitige Abhängigkeit bricht die Vorstellung von „eins/viele" zusammen und reißt damit auch alle anderen wie „groß/klein", „innen/außen" fort. Nachdem er dies erkannt hatte, äußerte der Dichter Nguyen Cong Tru:

> In dieser Welt und in den Welten jenseits davon,
> Ist Buddha unvergleichlich!
> Klein ist nicht innen,
> Groß ist nicht außen.

Die Sonne, mein Herz

Nachdem wir nun erkannt haben, daß in unseren Körpern „Eines ist alle, alles ist eins", laßt uns einen Schritt weiter gehen und über die Gegenwart des ganzen Universums in uns selbst meditieren. Wir wissen, wenn unser Herz aufhört zu schlagen, wird der Fluß unseres Lebens zum Stillstand kommen, und deshalb legen wir großen Wert auf unser Herz. Doch nehmen wir uns nicht oft die Zeit, festzustellen, daß es andere Dinge, außerhalb unseres Körpers, gibt, die auch für unser Überleben wichtig sind. Betrachten wir das ungeheuer große Licht, das wir Sonne nennen. Wenn sie aufhören würde zu scheinen, würde der Fluß unseres Lebens auch zum Stillstand kommen, und deshalb ist die Sonne unser zweites Herz, unser Herz außerhalb unseres Körpers. Dieses ungeheuer große Herz gibt allem Leben auf Erden die zur Existenz nötige Wärme. Die Pflanzen leben dank der Sonne. Die Blätter absorbieren die Energie der Sonne, um, zusammen mit dem Kohlendioxyd der Luft, Nahrung für die Bäume, Pflanzen und Plankton zu machen. Und dank der Pflanzen können wir und andere Tiere leben. Wir alle – Menschen, Tiere und Pflanzen - „verzehren" die Sonne, direkt oder indirekt.

Wir können nicht anfangen, alle Wirkungen der Sonne, unseres großen Herzen außerhalb unseres Körpers, zu beschreiben. In Wirklichkeit ist unser Körper nicht auf das begrenzt, was innerhalb der Grenzen unserer Haut sich befindet. Unser Körper ist viel größer, viel viel ausgedehnter. Wenn die Schicht von Luft um unsere Erde auch nur für einen Augenblick verschwinden würde, würde „unser" Leben enden. Es gibt keine Erscheinung im Universum, die nicht aufs engste uns betreffen würde, angefangen von einem Luftbläschen am Grunde des Meeres bis zur Bewegung einer Galaxie, Millionen von Lichtjahren entfernt.

Innerer Friede – Äußerer Friede

Wir teilen unser Leben in lauter Einzelbereiche auf. Praktizieren wir Sitzmeditation, erscheint uns diese Zeit völlig anders als die, in der wir nicht sitzen. Im Sitzen praktizieren wir intensiv – ganz anders aber, wenn wir nicht sitzen. Im Grunde üben wir dann intensiv das Nicht-Praktizieren. Eine Mauer scheint beides zu trennen, Üben und Nicht-Üben. Praktizieren gehört zur Übungsperiode und nicht praktizieren zur Nicht-Übungs-Periode. Wie können wir beide verbinden? Wie Meditation aus der Meditationshalle heraus in Küche und Büro bringen? Wie kann das Sitzen die Zeit des Nicht-Sitzens beeinflussen? Gibt die Ärztin oder der Arzt dir eine Spritze, so tut das nicht nur deinem Arm, sondern dem ganzen Körper gut. Wenn du täglich eine Stunde Sitzen praktizierst, sollte diese eine Stunde für die gesamten 24 Stunden gut sein und nicht nur für diese Stunde. Ein Lächeln, ein Atemzug sollten den ganzen Tag positiv beeinflussen, nicht nur diesen einen Moment. Wir müssen so praktizieren, daß es keine Grenzen mehr zwischen Praktizieren und Nicht-Praktizieren gibt.

Wenn wir in der Meditationshalle gehen, setzen wir die Schritte sorgfältig, sehr langsam. Aber auf dem Weg zum Flughafen sind wir eine ganz andere Person. Wir gehen völlig anders, achtloser. Wie können wir aber auch am Flughafen und auf dem Markt praktizieren? Das ist engagierter Buddhismus.... Wir haben mit unseren Gefühlen und Wahrnehmungen doch nicht nur während des Sitzens zu tun, sondern die ganze Zeit über. Wir sollten miteinander darüber reden, wie wir das tun können. Atmest du bewußt zwischen Telefonaten? Lächelst du beim Möhrenschneiden? Entspannst du dich nach Stunden harter Arbeit? Diese Fragen sind sehr praxisnah. Wenn du weißt, wie du den Buddhismus zur Essenszeit, zur Schlafenszeit, in der Freizeit anwenden kannst, dann wird, so meine ich, der Buddhismus in deinem Alltag große Bedeutung erlangen.

Umarme deine Wut

Der rechte Umgang mit den Emotionen ist ein wesentliches Übungsfeld, um das Verhaftetsein zu überwinden. In der klassischen Lehrschrift Satipatthana-Sutra *– das Sutra der vier Grundlagen der Achtsamkeit – bekommt der Schüler die entsprechenden Anweisungen hierzu. In seinem Buch „Umarme deine Wut" erläutert Thích Nhât Hanh diesen Text für den heutigen westlichen Leser.*

„Sutra" ist eine buddhistische Lehrrede. Das Satipatthana-Sutra *ist aus dem Pali neu ins Englische und danach ins Deutsche übersetzt. Es scheint auf den ersten Blick ein schwieriger Text zu sein. Westliche Leser neigen dazu, einen derartigen Text vor allem mit dem Intellekt zu studieren. Aber Nhât Hanh fordert uns anhand zahlreicher Beispiele aus unserem eigenen Alltag heraus auf, über diesen Text zu meditieren, ihn innerlich zu erleben und wirklich zu durchdringen. Dann erst können wir – zu unserem Erstaunen – langsam erspüren und einsehen, daß die alltäglichen Dinge aus unserem Leben in dieser Lehrrede verborgen sind und nur durch das Meditieren ans Licht kommen können.*

Die Umwandlung verdrängter Fesseln

Er (der Übende) ist sich seiner Augen (seiner Ohren, seiner Nase, seiner Zunge, seines Körpers, seines Geistes) bewußt und der Form (des Klangs, des Geruchs, des Geschmacks, der Berührung, der Geistesobjekte) bewußt und er ist sich der Fesseln bewußt, die in Abhängigkeit von diesen beiden Gegebenheiten entstehen. Er ist sich der Geburt einer neuen Fessel bewußt und er ist sich des Loslassens einer zuvor entstandenen Fessel bewußt, und er ist sich bewußt, wenn eine bereits losgelassene Fessel nicht wieder aufsteigen wird.

Diese Übung zielt darauf ab, uns in Berührung zu bringen mit in uns vergrabenen und unterdrückten Fesseln und diese umzuwandeln. Die Fesseln des Begehrens, der Wut, der Angst, des Gefühls der Minderwertigkeit und des Bedauerns sind in unserem Unterbewußtsein seit langem unterdrückt worden. Obwohl sie unterdrückt sind, suchen sie doch immer wieder nach Wegen, sich in unseren Gefühlen, Gedanken, Worten und Taten auszudrücken.

Es ist einfach für uns, unsere Fesseln zu betrachten, wenn sie als Gefühle an der Oberfläche unseres Bewußtseins erscheinen, aber Fesseln, die unterdückt wurden, können nicht auf direktem und natürlichem Weg in unserem bewußten Geist erscheinen. Sie zeigen sich nur indirekt. Deshalb sind wir uns ihrer Gegenwart nicht bewußt, obwohl sie uns unterschwellig immer weiter einschnüren und leiden machen.

Was ist es aber, das sie unterdrückt und sie nicht an die Oberfläche gelangen läßt? Es ist unser bewußter, denkender Geist. Wir haben gelernt, daß unsere Begehren und unsere Wut gesellschaftlich nicht akzeptabel sind, deshalb haben wir Wege gefunden, sie zu unterdrücken, sie in versteckte Winkel unseres Bewußtseins zu verbannen, damit wir sie vergessen können. Dies ist das Werk einer geistigen Aktivität: Vergeßlichkeit, Unachtsamkeit. Die zeitgenössische Psychologie kennt den Mechanismus der Verdrängung. Um Leiden zu vermeiden, haben wir Abwehrmechanismen, die unsere psychologischen Schmerzen, Konflikte und unannehmbaren Bedürfnisse in unser Unbewußtsein verbannen, so daß wir uns mehr in Frieden mit uns selber fühlen können. Aber unsere langandauernden Verdrängungen suchen ständig nach Wegen, sich in Worten, Bildern und Verhaltensweisen auszudrücken, die gesellschaftlich nicht akzeptabel sind und später zu Symptomen physischer und psychischer Krankheit werden können. Wir wissen dann vielleicht, daß unsere Worte, Gedanken und unser Verhalten zerstörerisch sind, aber wir können nichts mehr dagegen tun, weil unsere inneren Fesseln zu stark geworden sind.

Nehmen wir zum Beispiel eine Tochter, die einerseits heiraten möchte, was bedeutet, ihre Mutter zu verlassen, die dann allein leben wird, die aber andererseits ihre Mutter nicht allein lassen will. Die Tochter versteht und liebt ihre Mutter, aber sie will auch heiraten und mit dem Mann zusammenleben, den sie liebt. Ihre Mutter ist aber krank und braucht jemand, der sie pflegt und die Tochter kann den Gedanken nicht ertragen, sie alleinzulassen. Die widerstreitenden Gefühle und Bedürfnisse führen zu einem inneren Konflikt in der Tochter. Und so unterdrückt ihr Abwehrmechanismus den schmerzlichen Konflikt in ihrem Unbewußten und sagt ihr, sie solle ihr Leben der Fürsorge für ihre Mutter widmen. Nichtsdestoweniger ist aber der Wunsch zu heiraten immer noch da, und der psychologische Konflikt bleibt ein Geisteszustand, der nach Wegen sucht, sich auszudrücken. Sie wird reizbar und sagt Dinge, die sie selber nicht versteht, und sie hat Träume, die ihr unerklärbar sind. Sie ist nicht glücklich, also kann ihre Mutter auch nicht glücklich sein. Ihre Mutter ihrerseits wird bereits seit Jahren von der Angst verfolgt, ihre Tochter werde sie eines Tages verlassen und heiraten, und es ist dieser psychologische Faktor, der sie unerwartet krank und hinfällig hat werden lassen, obwohl sie sich dessen nicht bewußt ist. Als sie von ihrer Tochter erfährt, daß sie nicht heiraten würde, ist sie sehr froh, aber in den Tiefen ihres Herzens leidet sie, weil sie weiß, daß ihre Tochter sich einen Wunsch versagt. Dieser Konflikt wird in der Mutter zu einem Geisteszustand, der sie leiden macht; so wird die

Mutter ebenfalls reizbar und sagt Dinge, die sie selbst nicht versteht. Auch sie hat Träume, die sie nicht versteht und tut Dinge, ohne zu wissen, warum sie sie tut. Weder Mutter noch Tochter sind glücklich und beider Leiden geht weiter.

Die Methode, die Trauer zu kurieren, die entsteht, wenn die Fesseln unterdrückt werden, besteht in der eingehenden Betrachtung dieser Fesseln. Aber um sie betrachten zu können, müssen wir zunächst einmal Wege finden, sie in den Einzugsbereich unseres Bewußtseins zu holen. Die Methode des *Sutra der Vier Grundlagen der Achtsamkeit* besteht darin, achtsames Atmen zu praktizieren, um unsere Gefühle, Gedanken, Worte und Handlungen zu erkennen, besonders jene, die als Reaktionen auf das, was geschieht, automatisch aufsteigen. Unsere Reaktionen können ihre Wurzeln in den Fesseln haben, die in uns vergraben sind.

Wenn wir unserer Gefühle, Gedanken und Handlungen bewußt sind, können wir uns selbst Fragen stellen wie: Warum fühle ich mich unbehaglich, wenn ich jemanden dies sagen höre? Warum denke ich immer an meine Mutter, wenn ich diese Frau sehe? Warum habe ich das zu ihm gesagt? Warum mochte ich jenen Charakter in dem Film nicht? Welchem Menschen, den ich früher gehaßt habe, ähnelt dieser Mensch? Praktiken wie diese können uns helfen, die Wurzeln unserer Gefühle, Gedanken, Worte und unseres Verhaltens zu verstehen und allmählich die Fesseln, die in uns vergraben sind, in Reichweite unseres Bewußtseins zu holen.

Während unserer Sitzmeditation haben die in uns vergrabenen Fesseln die Gelegenheit, sich in Form von Gefühlen oder Bildern, die sich in unserem bewußten Geist manifestieren, zu äußern, weil wir die Türen unserer Sinne geschlossen haben, um mit dem Zuhören, Schauen und Nachdenken innezuhalten. Zu Anfang kann da zum Beispiel einfach ein Gefühl der Furcht, Angst oder des Mißbehagens sein, dessen Ursache wir nicht sehen können. Wir müssen das Licht der Achtsamkeit darauf scheinen lassen und die Bereitschaft haben, dieses Gefühl zu sehen.

Wenn dieses Gefühl sein Gesicht zu zeigen beginnt und

Kraft sammelt und intensiver wird, erleben wir vielleicht, daß es uns unseren Frieden, unsere Freude und unsere Unbeschwertheit raubt. Möglicherweise wollen wir dann den Kontakt mit diesem Gefühl wieder abbrechen. Vielleicht wollen wir dann unser Gewahrsein lieber auf einen anderen Meditationsgegenstand richten. Vielleicht wollen wir unsere Meditation auch ganz abbrechen, schieben vielleicht Müdigkeit vor und verschieben das Meditieren auf ein anderes Mal. In der modernen Psychologie nennen wir diese Reaktionen „Widerstand". Tief in uns haben wir Angst, die schmerzlichen Gefühle, die in uns vergraben sind, in unser Bewußtsein zu lassen, weil sie uns leiden machen.

Es gibt Menschen, die viele Stunden am Tag Sitzmeditation praktizieren, aber sie wagen nicht wirklich ihre schmerzlichen Gefühle anzuschauen und sie in ihr Bewußtsein einzuladen. Sie reden sich ein, diese Gefühle seien nicht wichtig und sie richten ihre Aufmerksamkeit auf andere Meditationsgegenstände – Vergänglichkeit, Selbst-losigkeit, den Klang einer klatschenden Hand, oder warum Bodhisdharma in den Westen kam. Damit will ich nicht sagen, daß diese Themen unwichtig sind, aber sie sollten im Lichte unserer tatsächlichen Probleme besehen werden, damit sie authentische Themen der Meditationspraxis werden können.

Im Buddhismus praktizieren wir Achtsamkeit nicht, um unsere Gefühle zu unterdrücken, sondern als einen Weg, uns unserer Gefühle anzunehmen, sie liebevoll zu umsorgen, ohne sie zwingen zu wollen. Wenn wir in der Lage sind, Achtsamkeit aufrechtzuerhalten, werden wir von unseren Gefühlen oder den Konflikten in uns nicht davongetragen, ertrinken wir nicht in ihnen. Wir behalten während des achtsamen Atmens Achtsamkeit bei, nähren unsere Fesseln und versuchen, uns unserer Fesseln und Konflikte, die jeweils aufsteigen, bewußt zu werden. Wir empfangen sie mit Liebe, so wie eine Mutter ihr Kind mit offenen Armen empfängt: „Achtsamkeit ist da, und ich weiß, daß ich stark genug bin, die Begegnung mit den Fesseln in mir zuzulassen." Diese Art von Haltung ist nötig, damit sich unsere Fesseln als Gefühle und Bilder in unserem

Geist manifestieren können, mit denen wir dann in Berührung kommen und die wir vollkommen und grundlegend identifizieren können.

Ohne uns dafür zu verurteilen, zu schelten oder dafür zu kritisieren, daß wir diese Gefühle oder Bilder haben, betrachten wir sie einfach, identifizieren sie und nehmen sie an, um ihre Wurzeln und ihre wahre Natur zu erkennen. Wenn da Schmerz ist, fühlen wir den Schmerz. Wenn da Trauer ist, sind wir traurig. Wenn da Wut ist, sind wir wütend, aber unsere Wut wird von unserer Achtsamkeit begleitet. Wir verlieren uns nicht in dem Schmerz, der Trauer oder der Wut, sondern wir lassen sie zur Ruhe kommen. Selbst wenn wir die Wurzeln der Fesseln nicht erkannt haben, wird die Tatsache, daß wir unseren Schmerz, unsere Trauer und unsere Wut schon in Achtsamkeit begrüßen können, dazu führen, daß einige innere Knoten an Kraft verlieren. Dank unserer wachsamen Betrachtung werden wir schließlich auch ihre Wurzeln sehen und sie umwandeln. Die Anweisungen des *Sutra der Vier Grundlagen der Achtsamkeit* dazu, wie wir mit unseren Gefühlen in direkten Kontakt kommen und sie einladen können, aufzusteigen und sich an der Oberfläche unseres Bewußtseins zu manifestieren, sind wunderbar wirksam. Im Fall von schwierigen Fesseln kann der Übende dies mit Unterstützung eines Lehrers oder eines Mitübenden praktizieren. Der Lehrer oder die Mitübenden können ihm oder ihr dank ihrer achtsamen Betrachtung helfen, die Manifestationen der tief in seinem Bewußtsein vergrabenen Fesseln aufzuzeigen.

Zu seinen Lebzeiten wurde der Buddha als König unter den Ärzten gepriesen; er half Tausenden von Menschen einschließlich des Königs Ajatasatrus von Magadha, mit Problemen umzugehen, deren Wurzeln im Geist lagen. Diejenigen, die die achtsame Betrachtung praktizieren, können den buddhistischen Weg mit Fesseln umzugehen, erlernen, um sich und anderen zu helfen. Viele Menschen leben, ohne Achtsamkeit zu praktizieren, und wissen nicht, wie sie die Fesseln umwandeln können. Mit der Zeit werden diese Fesseln dann stark und führen zu Erregung, Angst und Depression, die sich in Worten und Taten ausdrücken, die gesellschaftlich nicht leicht zu akzeptieren sind. Diejenigen mit starken Fesseln haben es schwer, sich auf andere zu beziehen oder mit ihnen zu arbeiten, und diese Schwierigkeiten führen dazu, daß sie sich in der Gesellschaft immer mehr als Außenseiter fühlen. In dem Maße, in dem ihre Fesseln wachsen, wird ihr Verhalten immer unangemessener, bis schließlich der Druck so groß wird, daß sie ihre Arbeitsstelle oder ihre Ehe aufgeben müssen.

Wenn wir wissen, wie wir jeden Augenblick wach erleben können, werden wir uns dessen, was in unseren Gefühlen und Wahrnehmungen hier und jetzt vor sich geht, bewußt sein, und wir werden es nicht zulassen, daß Fesseln in unserem Bewußtsein allzu fest geknotet werden. Wenn wir wissen, wie wir unsere Gefühle betrachten können, können wir die Ursachen von seit langem bestehenden Fesseln herausfinden und sie verwandeln.

Überwindung von Schuldgefühlen und Angst

Wenn Unruhe und Gewissensbisse in uns gegenwärtig sind, ist uns bewußt: „In mir sind Unruhe und Gewissensbisse". Wenn Unruhe und Gewissensbisse nicht in uns gegenwärtig sind, sind wir uns bewußt: „Unruhe und Gewissensbisse sind nicht in mir". Wenn Unruhe und Gewissensbisse aufzusteigen beginnen, sind wir uns dessen bewußt. Wenn bereits aufgestiegene Unruhe und Gewissensbisse losgelassen werden, ist er sich dessen bewußt. Wenn bereits losgelassene Unruhe und Gewissensbisse in Zukunft nicht mehr aufsteigen werden, ist er sich dessen bewußt.

In der buddhistischen Psychologie gelten Gewissensbisse oder Bedauern als geistige Funktion, die sowohl förderlich als auch schädlich sein kann. Wenn sie genutzt wird, um Irrtümer zu erkennen, die wir begangen haben, und uns zu entschließen, diese Fehler in Zukunft nicht zu wiederholen, dann ist Bedauern ein heilsamer Geisteszustand. Wenn Bedauern einen

Schuldkomplex begründet, der uns verfolgt, ist es für unsere Praxis ein Hindernis.

Wir alle haben in der Vergangenheit Fehler gemacht. Aber diese Fehler können getilgt werden. Vielleicht denken wir, weil die Vergangenheit vergangen sei, könnten wir nicht mehr in die Vergangenheit zurückkehren, um unsere Fehler zu korrigieren. Aber die Vergangenheit hat die Gegenwart erschaffen, und wenn wir in der Gegenwart Achtsamkeit praktizieren, sind wir damit auf ganz natürliche Weise in Berührung mit der Vergangenheit. Indem wir unsere Gegenwart umwandeln, verwandeln wir auch unsere Vergangenheit. Unsere Ahnen, Eltern, Brüder und Schwestern sind alle eng mit uns verbunden – unser Leiden und unser Glück ist mit dem ihren eng verknüpft, ebenso wie ihr Leiden und ihr Glück eng mit dem unseren verknüpft ist. Wenn wir uns selbst umwandeln können, verwandeln wir auch sie. Unsere eigene Befreiung, unser eigener Friede und unsere eigene Freude ist die Befreiung, der Friede und die Freude unserer Ahnen und unserer Eltern. Die Gegenwart ergreifen, um sie zu verwandeln, ist der einzige Weg, denen, die wir lieben, Frieden, Freude und Befreiung zu schenken und den in der Vergangenheit angerichteten Schaden zu heilen.

Im Buddhismus gründet Beichte darauf, daß wir Irrtümer durch unseren Geist begehen, und daß daher Irrtümer auch mit Hilfe unseres Geistes getilgt werden können. Wenn wir das Leben im gegenwärtigen Augenblick ergreifen, um uns zu verwandeln, können wir uns selbst und anderen Freude schenken. Diese Umwandlung wird echte Freude und echten Frieden jetzt und in der Zukunft schaffen. Dabei geht es nicht einfach um ein leeres Versprechen, sich zu verbessern. Wenn es uns gelingt, unserem Atem zu folgen und in Achtsamkeit zu leben, damit uns selbst und anderen im gegenwärtigen Augenblick Freude und Glück schenkend, können wir unsere Schuldkomplexe überwinden, so daß sie uns nicht länger lähmen.

Der Schuldkomplex zum Beispiel, von dem ein Mensch verfolgt wird, der aus Unachtsamkeit den Tod eines Kindes verursacht hat, ist ein sehr mächtiger Komplex. Wenn aber dieser

Mensch Achtsamkeit praktiziert und wirklich mit dem gegenwärtigen Augenblick in Berührung sein kann, wissend, was im gegenwärtigen Augenblick zu tun ist und was nicht, kann er vielen Kindern das Leben retten. So viele Kinder sterben aus Mangel an Medikamenten, andere durch Unfälle oder aus Mangel an angemessener Pflege oder Fürsorge. So kann dieser Mensch etwas dafür tun, sterbende Kinder zu retten, anstatt sich einzuschließen und langsam in den Ketten seines Bedauerns zugrundezugehen.

Angst ist eine beherrschende Fessel in vielen von uns. Die Grundlage von Angst ist Nichtwissen, die Unfähigkeit, unsere „nicht Selbst"-Natur zu verstehen. Unsicherheit und Angst vor dem, was uns und unseren Lieben geschehen könnte, sind Gefühle, die wir alle haben, aber bei einigen beherrschen diese Unsicherheitsgefühle und diese Angst das Bewußtsein. Im Mahayana-Buddhismus wird der Bodhisattva Avalokiteshvara beschrieben als einer, der alle Angst überwunden hat. Er hält für alle Geschöpfe das Geschenk der Nicht-Angst bereit, die aus der achtsamen Betrachtung von Nicht-Geburt, Nicht-Tod, Nicht-Vermehrung und Nicht-Verminderung all dessen, was ist, entsteht. Das *Prajñaparamita Herzsutra* ist ein Lehrtext über die Freiheit von Angst und Furcht. Wenn es uns gelingt, die abhängige und selbst-lose Natur all dessen, was ist, eingehend zu betrachten, können wir sehen, daß es weder Geburt noch Tod gibt und alle Angst hinter uns lassen. Der Kommentar des Autors zum *Herzsutra „Mit dem Herzen verstehen"* ist eine umfassendere Erläuterung dieses Punktes.

Da alles vergänglich ist, können Krankheiten und Unfälle uns oder denen, die wir lieben, jederzeit zustoßen. Wir müssen diese Realität akzeptieren. Wenn wir jeden Augenblick unseres Lebens achtsam leben und mit den Menschen um uns herum ehrliche und stimmige Beziehungen eingehen, haben wir nichts zu fürchten und nichts zu bedauern, selbst wenn eine Krise in unser Leben tritt. Wenn wir wissen, daß Geburt und Tod beides notwendige Aspekte in unserem Leben sind, werden wir sehen, daß uns unsere Mutter Erde, die uns schon einmal das Leben geschenkt hat, uns noch hunderttausend weitere Male das Leben schenken wird, und wir werden keine Angst haben oder leiden, wenn sie ihre Arme ausstreckt, um uns wieder zu sich zu nehmen. Ein erwachter Mensch bleibt in sich ruhend, während er oder sie sich dem Fluß von Geburt und Tod überläßt.

Einige Menschen haben während ihrer Kindheit soviele Fesseln erhalten, daß sie von Gefühlen der Unsicherheit besessen sind. Vielleicht haben ihre Eltern sie terrorisiert, sie mit Schuldgefühlen überladen und sie mißbraucht. Für solche Menschen ist die Annahme und die Übung der Fünf Wunderbaren Regeln eine wunderbare Art, sich zu schützen. Wenn sie diese Regeln praktizieren, werden sie die Balance zwischen sich selbst und ihrer Umgebung wieder herstellen können. Die Gelübde ablegen und die Regeln befolgen sind wirksame Mittel, die Wunden der Vergangenheit zu heilen und die Gesellschaft in der Gegenwart und für die Zukunft zum Besseren zu beeinflussen. Achtsamkeit praktizieren, um die Tore zu den sechs Sinnen zu bewachen, im gegenärtigen Augenblick bleiben und mit dem Leben in Kontakt sein ist eine wunderbare Art, im Alltag ein Gefühl der Sicherheit herzustellen. Wenn wir dazu noch Freunde haben, die ebenfalls Achtsamkeit einhalten und praktizieren, wird unsere eigene Praxis dadurch gefestigt und gefördert.

Unsere Verabredung mit dem Leben

Auch im Buddhismus kennt man das Ideal, alleine zu leben. Damit verbunden ist die Vorstellung und Erfahrung, daß so das Verhaftetsein besser überwunden werden kann. Im Lehrtext Bhaddekaratta Sutra *geht es um die spezifische Kenntnis des besseren Weges, alleine zu leben. Gemeint ist damit nicht eine isolierte Existenz, sondern etwas anderes: mit den anderen zu kommunizieren und dabei doch ganz da-zusein, ganz authentisch und nicht fremdbestimmt zu leben. Im Wesentlichen gehts um die völlige Präsenz im Hier und Jetzt, um nach Möglichkeit mit dem Leben ständig und intensiv in Berührung zu sein. In seinem Buch „Unsere Verabredung mit dem Leben" erläutert Thích Nhât Hanh in diesem Sinn das klassische „Sutra der Kenntnis des besseren Weges alleine zu leben".*

Allein leben

> Allein sitzend – allein ruhend,
> Allein umhergehend, frei von Trägheit,
> Wer tiefe Einsicht
> In die Wurzeln des Leidens hat,
> Genießt großen Frieden,
> Wenn er in Einsamkeit weilt.

So pries der Buddha einen Mönch und erklärte den anderen: „Laß los, was vergangen ist. Laß los, was noch nicht ist. Betrachte eingehend das Geschehen des gegenwärtigen Augenblicks, jedoch ohne ihm verhaftet zu sein. Das ist der wunderbarste Weg, allein zu leben." Und der Buddha lehrte den Mönchen ein Gedicht (Gatha):

> „Laufe nicht der Vergangenheit nach.
> Verliere dich nicht in der Zukunft.
> Die Vergangenheit ist nicht mehr.
> Die Zukunft ist noch nicht gekommen.
> Das Leben, wie es hier und jetzt ist,
> eingehend betrachtend,
> weilt der Übende
> in Festigkeit und Freiheit.
> Es gilt, uns heute zu bemühen.
> Morgen ist es schon zu spät.
> Der Tod kommt unerwartet.
> Wie können wir mit ihm handeln?
> Der Weise nennt jemanden, der es versteht,
> Tag und Nacht
> in Achtsamkeit zu weilen,
> jemanden, der
> den besseren Weg kennt, allein zu leben."

Nachdem er das Gedicht rezitiert hatte, stand er auf und zog sich in seine Klause zurück, um zu meditieren.

Fesseln

Das Gatha „Die Kenntnis des besseren Weges, allein zu leben" beginnt mit der Zeile: „Laufe nicht der Vergangenheit nach". Der „Vergangenheit nachlaufen" heißt bedauern, was bereits gewesen und wieder vergangen ist. Wir bedauern den Verlust der schönen Dinge in der Vergangenheit, die wir in der Gegenwart nicht mehr haben können. Der Buddha hat diese Zeile folgendermaßen kommentiert: „Wenn jemand darüber nachdenkt, wie sein Körper in der Vergangenheit war, wie seine Gefühle in der Vergangenheit waren, wie seine Wahrnehmungen in der Vergangenheit waren, wie die Objekte seines Geistes in der Vergangenheit waren, wie sein Bewußtsein in der Vergangenheit war, wenn er so denkt und einem Geist Tür und Tor öffnet, der von diesen Dingen versklavt ist, die in die Vergangenheit gehören, dann läuft dieser Mensch der Vergangenheit nach."

Buddha hat gelehrt, daß wir der Vergangenheit nicht nachlaufen sollen, weil „die Vergangenheit nicht mehr ist." Wenn wir in Gedanken über die Vergangenheit verloren sind, verlieren wir die Gegenwart. Leben existiert nur im gegenwärtigen Augenblick. Die Gegenwart verlieren heißt das Leben verlieren. Die Botschaft von Buddha ist sehr klar: Wir müssen uns von der Vergangenheit verabschieden, damit wir in die Gegenwart zurückkehren können. In die Gegenwart zurückkehren heißt, mit dem Leben in Berührung zu sein.

Welche Dynamik in unserem Bewußtsein zwingt uns, zurückzuschauen und mit den Bildern der Vergangenheit zu leben? Diese Kräfte setzen sich aus Fesseln zusammen, die in uns aufsteigen und uns binden. Dinge, die wir sehen, hören, riechen, schmecken, berühren, vorstellen oder denken, können allesamt solche Fesseln aufsteigen lassen – Begierden, Gereiztheit, Wut, Verwirrung, Angst, Befürchtungen, Verdächtigungen und so weiter. Innere Fesseln liegen in den Tiefen des Bewußtseins eines jeden von uns.

Die Fesseln beeinflussen unser Bewußtsein und unser tagtägliches Verhalten. Sie lassen uns Dinge denken, sagen und tun, deren wir uns vielleicht nicht einmal bewußt sind. Weil sie uns dergestalt zwingen, werden sie Fesseln genannt, denn sie binden uns an ein bestimmtes Handeln.

Die Kommentare nennen für gewöhnlich neun Arten von Fesseln: Begierden, Haß, Stolz, Unwissenheit, unbeugsame Ansichten, Anhaften, Argwohn, Eifersucht und Eigensucht. Unter diesen ist die fundamentale Fessel die der Unwissenheit, des Mangels an Klarsicht. Unwissenheit ist der Stoff, aus dem auch all die anderen Fesseln gemacht sind. Obwohl es neun Fesseln gibt, steht die Fessel der „Begierden", die stets an erster Stelle aufgeführt wird, häufig stellvertretend für alle Fesseln. Im *Kaccana-Bhaddekaratta* erklärt der Mönch Kaccana:

„Meine Freunde, was ist damit gemeint: „in der Vergangenheit weilen"? Jemand denkt: „Früher waren meine Augen so und die Form (mit der meine Augen in Berührung waren) war so." Und indem er dies denkt, ist er an Begierden gebunden. An Begierden gebunden wie er ist, empfindet er ein Gefühl der Sehnsucht. Dieses Gefühl der Sehnsucht hält ihn in der Vergangenheit fest."

Kaccanas Kommentar könnte uns auf den Gedanken bringen, daß die einzige Fessel, die einen in der Vergangenheit hält, die Begierde ist. Aber wenn Kaccana „Begierde" sagt, benutzt er diese stellvertretend für die Gesamtheit der Fesseln – Haß, Argwohn, Eifersucht und so weiter. All diese binden uns und halten uns in der Vergangenheit fest.

Manchmal brauchen wir nur den Namen von jemandem zu hören, der uns in der Vergangenheit Unrecht getan hat, und unsere Fesseln aus jener Zeit bringen uns automatisch in die Vergangenheit zurück, und wir durchleben das Leiden erneut. In der Vergangenheit sind sowohl schmerzliche als auch glückliche Erinnerungen zu Hause. Von der Vergangenheit absorbiert sein ist ein Weg, für den gegenwärtigen Augenblick tot zu sein. Es ist nicht einfach, die Vergangenheit fallen zu lassen und zum Leben im gegenwärtigen Augenblick zurückzukehren. Wenn wir dies versuchen, müssen wir dem Sog der Fesseln in uns widerstehen. Wir müssen lernen, unsere Fesseln zu transformieren, damit wir frei sind, unsere Aufmerksamkeit auf den gegenwärtigen Augenblick zu lenken.

Vergangenheit und Zukunft liegen beide in der Gegenwart

Wenn wir an die Vergangenheit denken, steigen vielleicht Gefühle des Bedauerns oder der Scham auf. Wenn wir an die Zukunft denken, steigen vielleicht Wünsche oder Ängste hoch. Aber all diese Gefühle steigen im gegenwärtigen Augenblick hoch, und sie alle wirken sich auf den gegenwärtigen Augenblick aus. Und meist machen sie uns weder glücklich noch bringen sie uns Freude. Wir müssen lernen, uns diesen Gefühlen zu stellen. Das Wichtigste, was wir uns merken müssen, ist, daß sowohl die Vergangenheit als auch die Zukunft in der Gegenwart liegen, und daß wir, wenn es uns gelingt, den gegenwärtigen Augenblick zu ergreifen, gleichzeitig die Vergangenheit und die Zukunft umwandeln.

Wie können wir die Vergangenheit umwandeln? Vielleicht haben wir in der Vergangenheit etwas gesagt oder getan, was zerstörerisch oder verletzend war, und nun bedauern wir es. In der buddhistischen Psychologie ist Bedauern eine „unbestimmte Emotion". Das heißt, daß sie sowohl konstruktiv als auch destruktiv sein kann. Wenn wir wissen, daß etwas, was wir gesagt oder getan haben, jemanden verletzt hat, kann uns dies reumütig machen, und wir geloben, in Zukunft denselben Fehler nicht noch einmal zu machen. In diesem Fall haben unsere Gefühle des Bedauerns eine heilsame Wirkung. Wenn jedoch das Gefühl des Bedauerns uns verfolgt, wenn es uns daran hindert, uns auf irgend etwas anderes zu konzentrieren und allen Frieden und jede Freude aus unserem Leben vertreibt, dann hat das Gefühl des Bedauerns eine unzuträgliche Wirkung.

Wenn Bedauern unzuträglich wird, sollten wir zunächst einmal unterscheiden, ob die Ursache etwas ist, was wir gesagt oder getan haben, oder etwas, was wir zu tun oder zu sagen unterlassen haben. Wenn wir in der Vergangenheit etwas Zerstörerisches gesagt oder getan haben, können wir dies einen „Ausführungsfehler" nennen. Wir haben etwas mit mangelnder Achtsamkeit gesagt oder getan, und es hat jemanden verletzt. Manchmal begehen wir einen „Unterlassungsfehler". Wir verletzten dadurch, daß wir nicht taten oder sagten, was zu tun oder zu sagen war, und dies hat uns Bedauern und Trauer gebracht. Unser Mangel an Achtsamkeit war da, und seine Ergebnisse sind immer noch gegenwärtig. Unser Schmerz, unsere Scham und unser Bedauern sind ein wichtiger Teil dieses Ergebnisses. Wenn wir die Gegenwart eingehend betrachten und ergreifen, können wir sie umwandeln. Wir tun dies durch Achtsamkeit, Entschlossenheit und rechtes Handeln und rechte Rede. All diese finden im gegenwärtigen Augenblick statt. Wenn wir so die Gegenwart umwandeln, verwandeln wir auch die Vergangenheit und bauen gleichzeitig an der Zukunft.

Wenn wir sagen, alles sei verloren, alles sei bereits zerstört oder das Leiden sei ja bereits geschehen, sehen wir nicht, daß die Vergangenheit zur Gegenwart geworden ist. Selbstverständlich ist das Leiden schon verursacht und die Wunde dieses Leidens kann sogar unsere Seele berühren, aber anstatt über unser vergangenes Handeln zu jammern oder darunter zu leiden, sollten wir uns der Gegenwart annehmen und sie umwandeln. Die Spuren einer schlimmen Dürre können nur durch reichlich strömenden Regen verwischt werden, und Regen kann nur im gegenwärtigen Augenblick fallen.

Buddhistische Reue gründet auf dem Verständnis, daß unrechtes Tun seinen Ursprung im Geist hat. Es gibt ein Gedicht (Gatha) zum Thema Reue:

Alles Unrecht hat seinen Ursprung im Geist.
Wenn der Geist verwandelt wird, wie kann dann Unrecht bleiben?
Nach der Reue ist mein Herz leicht
wie eine Wolke, die unbeschwert am Himmel dahinsegelt.

Aus Mangel an Achtsamkeit, weil unser Geist von Begierden, Wut und Eifersucht verdunkelt wurde, haben wir Unrecht getan. Das ist gemeint mit: „Alles Unrecht hat seinen Ursprung im Geist." Wenn aber das Unrecht aus unserem Geist kam, kann es auch im Geist umgewandelt werden. Wenn unser Geist verwandelt wird, werden auch die von unserem Geist wahrgenommenen Objekte umgewandelt. Eine solche Umwandlung ist möglich, wenn wir wissen, wie wir in den gegenwärtigen Augenblick zurückkommen können. Wenn wir unseren Geist erst einmal umgewandelt haben, wird unser Herz so leicht wie eine dahinsegelnde Wolke, und wir werden eine Quelle von Frieden und Freude für uns selbst und andere. Gestern noch, vielleicht aus Torheit oder Wut, haben wir etwas gesagt, was unsere Mutter traurig machte. Aber heute ist unser Geist verwandelt und unser Herz leicht, und wir können sehen, wie unsere Mutter uns anlächelt, selbst wenn sie nicht mehr lebt. Wenn wir in uns selbst lächeln können, kann unsere Mutter auch mit uns lächeln.

Wenn wir die Vergangenheit verwandeln können, können wir auch die Zukunft verwandeln. Unsere Ängste und Sorgen um die Zukunft verdüstern die Gegenwart. Es besteht kein Zweifel, daß dann auch die Zukunft düster sein wird, denn wir wissen, daß die Zukunft aus der Gegenwart besteht. Sich der Gegenwart anzunehmen, ist der beste Weg, sich der Zukunft anzunehmen. Manchmal machen wir uns solche Sorgen darüber, was morgen geschehen könnte, daß wir uns die ganze Nacht schlaflos im Bett herumwälzen. Dann sorgen wir uns darüber, daß wir am nächsten Tag müde und nicht in der Lage sein werden, unser Bestes zu geben, wenn wir nachts nicht schlafen. Je mehr wir uns sorgen, desto schwieriger wird es einzuschlafen. Unsere Sorgen und Ängste um die Zukunft zerstören die Gegenwart. Wenn wir aber aufhören, uns um morgen zu sorgen und einfach ruhig im Bett liegen und unserem Atem folgen, die Gelegenheit zur Ruhe, die wir haben, wirklich genießend, werden wir nicht nur die Augenblicke des Friedens und der Freude unter der warmen Decke genießen, sondern auch ziemlich leicht und natürlich einschlafen.

Diese Art von Schlaf trägt sehr zum Erfolg des nächsten Tages bei.

Wenn wir hören, daß die Wälder unseres Planeten krank sind und sterben, haben wir vielleicht Angst. Wir sind wegen der Zukunft betroffen, weil uns bewußt ist, was im gegenwärtigen Augenblick geschieht. Unser Bewußtsein kann uns motivieren, etwas zu tun, um der Zerstörung unserer Umwelt Einhalt zu gebieten. Offensichtlich ist dieses Betroffensein wegen der zukünftigen Entwicklung etwas anderes als die Sorge und die Angst, die uns nur auslaugen. Wir müssen aber wissen, wie wir die Gegenwart von schönen, gesunden Bäumen genießen können, um in der Lage zu sein, etwas für ihren Schutz und ihren Erhalt zu tun.

Wenn wir eine Bananenschale auf den Abfall werfen, wissen wir, wenn wir achtsam sind, daß die Schale zu Kompost und in nur wenigen Monaten als Tomate oder Salat wiedergeboren wird. Wenn wir aber eine Plastiktüte auf den Abfall werfen, wissen wir dank unserer Achtsamkeit, daß eine Plastiktüte kaum in absehbarer Zeit zu einer Tomate oder einem Salat wird. Einige Arten von Müll brauchen vier- oder fünfhundert Jahre, um sich zu zersetzen. Atommüll braucht eine Viertelmillion Jahre, bevor er nicht mehr gefährlich ist und zerfällt. Wenn wir wach im gegenwärtigen Augenblick leben, uns aus ganzem Herzen um den gegenwärtigen Augenblick kümmern, werden wir nichts tun, was die Zukunft zerstört. Das ist der konkreteste Weg, etwas Konstruktives für die Zukunft zu tun.

In unserem Alltag produzieren wir vielleicht auch geistige Gifte, und diese Gifte zerstören nicht nur uns, sondern auch jene, die mit uns zusammen leben, in der Gegenwart wie auch in der Zukunft. Der Buddhismus spricht von drei Giften: Begierden, Haß und Unwissenheit. Zusätzlich gibt es noch andere Gifte, die sehr großen Schaden anrichten können: Eifersucht, Vorurteil, Stolz, Mißtrauen und Unbelehrbarkeit.

In unseren alltäglichen Beziehungen zu uns selbst, zu anderen und unserer Umgebung kann jedes dieser Gifte sich manifestieren, aufflackern und unseren Frieden und unsere Freude sowie auch den Frieden und die Freude derjenigen um uns zerstören. Diese Gifte können sich festsetzen und unseren Geist verschmutzen, was bittere Konsequenzen in der Zukunft nach sich zieht. Im gegenwärtigen Augenblick leben heißt also auch, diese Gifte anzunehmen und sich ihnen zu stellen, wenn sie auftauchen, sich manifestieren und zum Unbewußten zurückkehren, und Beobachtungsmeditation zu üben, um sie zu verwandeln. Das ist eine buddhistische Praxis. In der Gegenwart leben heißt aber auch, die schönen und kraftspendenden Dinge sehen, um sie zu nähren und zu schützen. Wenn wir uns den Dingen stellen und mit ihnen in Berührung sind, erfahren wir Glück. Und dieses Glück wiederum ist das Material, aus dem eine herrliche Zukunft geschmiedet wird.

Leben gibt es nur in der Gegenwart

In die Gegenwart zurückkommen heißt, mit dem Leben in Berührung sein. Leben ist nur möglich im gegenwärtigen Augenblick, denn „die Vergangenheit ist nicht mehr da" und „die Zukunft ist noch nicht". Buddhaschaft, Befreiung, Erwachen, Freiheit, Friede und Glück können nur im gegenwärtigen Augenblick verwirklicht werden. Unsere Verabredung mit dem Leben findet immer im gegenwärtigen Augenblick statt. Und der Treffpunkt unserer Verabredung ist genau da, wo wir uns gerade befinden ...

Mit dem Herzen verstehen

Das Herz-Sutra (Prajñaparamita) wird als die Essenz der buddhistischen Lehre betrachtet. Täglich wird es überall in der Welt in Mahayana-Gemeinschaften rezitiert. Thích Nhât Hanh erläutert zentrale Begriffe des klassischen Textes, indem er sie auf Erfahrungen des modernen Lesers bezieht.

Das Herz von Prajñaparamita

Der Bodhisattva Avalokita, tief im Strom Vollkommener Weisheit, durchleuchtete die fünf Daseinsformen (Skandhas) und fand sie gleichermaßen leer. Dies durchdringend, überwand er alles Leiden.

„Höre, Shariputra, Form ist Leere, Leere ist Form, Form ist nicht verschieden von Leere, Leere ist nicht verschieden von Form. In der selben Weise gilt dies für Empfindungen, Wahrnehmungen, Aktivitäten des Geistes und Bewußtsein."

„Höre, Shariputra, alle Lehren (Dharmas) sind durch Leere gekennzeichnet; weder entstehen sie, noch vergehen sie, sie sind weder unrein noch rein, weder zunehmend noch abnehmend. Daher gibt es in der Leere weder Form, noch Empfindung, noch Wahrnehmung, noch Formen des Geistes, noch Bewußtsein; keine Auge oder Ohr oder Nase oder Zunge oder Körper oder Geist, keine Form, keinen Klang, keinen Geruch, keinen Geschmack, keine Berührung, keine Wahrnehmung des Geistes; keinen Bereich der Elemente (vom Bewußtsein der Augen bis zum Bewußtsein des Geistes); kein bedingtes Entstehen und kein Erlöschen dessen (von Unwissenheit bis zu Tod und Verfall); kein Leiden, keinen Ursprung des Leidens, kein Erlöschen des Leidens, keinen Weg; kein Erlangen."

„Weil es kein Erlangen gibt, finden die Bodhisattvas, gestützt auf die Vollkommenheit der Weisheit, keine Hindernisse in ihrem Geist. Keine Hindernisse erlebend, überwinden sie die Angst, befreien sich selbst für immer von Täuschung und verwirklichen vollkommenes Nirvâna. Alle Buddhas der Vergangenheit, Gegenwart und Zukunft erreichen, dank dieser vollkommenen Weisheit, vollständige, wahre und universale Erleuchtung."

„Daher erfahre, daß vollkommene Weisheit ein großes Mantra ist, das höchste Mantra, das Mantra ohnegleichen, das alles Leiden tilgt, die unbestechliche Wahrheit. Daher verkünde das Mantra der *Prajñâparamitâ*. Dies ist das Mantra: Gehend, gehend, den ganzen Weg hinübergehend, alle hinübergehend zum anderen Ufer.

Der Abfall und die Rose

„Weder unrein noch rein"

Unrein oder rein; schmutzig oder sauber – das sind Vorstellungen, die wir in unserem Geist formen. Eine schöne Rose, die wir gerade geschnitten und in unsere Vase gestellt haben, gilt uns als makellos. Sie duftet so wunderbar frisch und gut, und all das unterstützt unsere Idee von Reinheit.

Bei einem Abfalleimer sieht das ganz anders aus. Er stinkt schrecklich und ist gefüllt mit verfaulten, verdorbenen Dingen. Doch ist dies nur eine oberflächliche Sichtweise. Wenn ihr genauer hinschaut, seht ihr, daß die Rose in einigen Tagen Teil des Abfalls sein wird. Aber ihr müßt keine fünf Tage warten, um das zu sehen. Wenn ihr die Rose sehr genau betrachtet, könnt ihr es auch jetzt schon erkennen. Schaut ihr in den Abfalleimer hinein, so seht ihr, daß sich sein Inhalt in einigen Monaten in Gemüse oder auch eine Rose verwandelt haben kann.

Seid ihr gute biologische Gärtner und habt die Augen eines Bodhisattvas, so könnt ihr, die Rose betrachtend, den Abfall sehen, und wenn ihr den Abfall betrachtet, so seht ihr die Rose darin. Die Rose und der Abfall bedingen und durchdringen einander. Ohne die Rose kann es keinen Abfall geben, und ohne den Abfall kann keine Rose erblühen. Sie brauchen einander sehr und sind sich gleichwertig; der Abfall ist ebenso kostbar wie die Rose. Wenn wir die Vorstellungen von Unreinheit und Reinheit ganz genau untersuchen, so sind wir wieder bei dem Aspekt des gegen-seitigen Durchdringens und Bedingens aller Phänomene angelangt, dem „Einssein".

Im *Majjhima Nikaya* gibt es eine sehr kurze Passage darüber, wie die Welt entstanden ist. Sie ist sehr einfach, sehr leicht zu verstehen und doch sehr tiefgründig. Es heißt dort: „Dies ist, weil jenes ist. Dies ist nicht, weil jenes nicht ist. Dies ist so, weil jenes so ist." Das ist die buddhistische Lehre von der Entstehung der Welt.

In Manila gibt es viele junge Prostituierte; manche von ihnen sind höchstens vierzehn oder fünfzehn Jahre alt. Meist sind es sehr unglückliche junge Frauen, denn sie wollten nie Prostituierte werden; doch ihre Familien sind sehr arm, und so gingen diese jungen Mädchen eines Tages in die Stadt, um sich einen Job, z.B. als Straßenverkäuferinnen, zu suchen. Mit dem verdienten Geld versuchen sie nun ihre Familien zu unterstützen. Natürlich gibt es das nicht nur in Manila, sondern ebenso in Ho-Chi-Minh-Stadt, New York oder Paris.

Es ist wahr, daß man in der Stadt sehr viel leichter Geld verdienen kann als auf dem Land, und so können wir uns gut vorstellen, daß eine junge Frau sich überlegt, dort hinzugehen, um ihrer Familie zu helfen. Und dann wird sie eines Tages von einer raffinierten Person überredet, doch für sie zu arbeiten und dadurch hundertmal mehr zu verdienen. Und weil sie noch so jung ist und noch nicht viel vom Leben weiß, willigt sie ein und wird Prostituierte. Seit dieser Zeit trägt sie das Gefühl, unrein und beschmutzt zu sein, in sich, und es verursacht ihr großes Leiden. Wenn sie dann andere junge Mädchen sieht, die schön gekleidet sind und aus wohlhabenden Familien stammen, fühlt sie sich besonders unglücklich, und das Gefühl ihrer Beschmutzung ist zu ihrer eigenen Hölle geworden.

Doch wenn sie die Möglichkeit hätte, Avalokita zu treffen und mit ihm zu sprechen, dann würde er ihr sagen, daß sie sich und die gesamte Situation genau betrachten solle, um zu erkennen, daß sie so ist, weil andere Menschen so sind.

„Dies ist so, weil jenes so ist." Wie kann dann ein sogenanntes anständiges Mädchen, das einer guten Familie entstammte, stolz darauf sein? Weil ihre Lebensweise so ist, muß das andere Mädchen so leben. Niemand von uns kann behaupten, daß es nicht unsere eigene Verantwortung ist. Das Mädchen in Manila lebt so wegen der Art unseres Seins. Betrachten wir das Leben dieser jungen Prostituierten, so sehen wir all die Nicht-Prostituierten, und betrachten wir die Nicht-Prostituierten und die Art und Weise, wie wir unser Leben leben, so sehen wir die Prostituierten darin. Dies hilft, jenes zu schaffen und jenes hilft, dies zu schaffen. Betrachten wir einmal Wohlstand und Armut.

Die Überflußgesellschaft und die Armutsgesellschaft bedingen und durchdringen einander. Der Reichtum der einen Gesellschaft besteht aus der Armut der anderen. „Dies ist so, weil jenes so ist." Reichtum besteht aus Elementen des Nicht-Reichtums, und Armut besteht aus Elementen der Nicht-Armut. Wir sollten daher vorsichtig sein und uns selbst nicht durch Vorstellungen beschränken. In Wahrheit ist alles auch alles andere. Wir können nicht einfach nur sein; wir können uns nur wechselseitig bedingen und durchdringen, „Einssein". Und darum sind wir verantwortlich für all das, was um uns herum geschieht.

Avalokitesvara würde der jungen Prostituierten sagen: „Mein Kind, schau dich an, und du wirst alles sehen. Weil andere Menschen so sind, darum bist du so. Du bist nicht die einzige dafür verantwortliche Person, darum leide bitte nicht länger!" Nur wenn diese junge Frau sieht, daß alles einander bedingt und durchdringt, „Einssein" gegeben ist, kann sie sich von ihrem Leiden befreien. Was könntet ihr anders anbieten, um ihr zu helfen, frei zu werden?
    Wir sind gefangen in unseren Vorstellungen von Gut und Böse. Wir möchten nur gut sein und alles Böse beseitigen. Wir denken so, weil wir vergessen, daß das Gute aus Elementen des Nicht-Guten besteht.

Stellt euch vor, ich halte einen wunderschönen Zweig in meinen Händen. Wenn wir ihn mit nicht-unterscheidendem Geist betrachten, so sehen wir ihn als wundervollen Zweig. Sobald wir jedoch die Unterscheidung treffen, daß das eine Ende links sei, und das andere rechts, geraten wir in Schwierigkeiten. Wir sagen vielleicht, daß wir nur die linke Seite möchten, die rechte aber nicht, und schon sind die Probleme da. Wenn es den Rechten nicht gäbe, wie könntet ihr dann Linke sein? Nehmen wir an, ich möchte nun nicht das rechte Ende des Zweiges, sondern nur das linke. Ich breche also die Hälfte dieser Wirklichkeit ab und werfe sie fort. Doch sobald ich die Hälfte fortgeworfen habe, wird das, was von dem Zweig noch übrig geblieben ist, wieder eine rechte Seite haben, denn so lange es ein linkes gibt, muß es auch ein rechtes geben. Vielleicht bin ich nun enttäuscht und versuche es erneut; ich breche den Zweig wieder in zwei Hälften und muß feststellen, daß es noch immer ein rechtes Ende des Zweiges gibt.

Das gilt auch für Gut und Böse. Man kann nicht nur gut sein und hoffen, das Böse beseitigen zu können, denn dank des Bösen existiert das Gute und umgekehrt existiert das Böse dank des Guten. Inszeniert ihr ein Theaterstück mit einem Helden, so müßt ihr auch einen Gegenspieler schaffen, damit der Held ein Held sein kann. Der Buddha braucht Mara, der die Rolle des Bösen übernimmt, damit der Buddha ein Buddha sein kann. Buddha ist so leer wie ein Stück Papier, er besteht aus Nicht-Buddha Elementen. Wenn Nicht-Buddhas wie wir nicht wären, wie könnte dann ein Buddha sein? Wenn es den Rechten nicht gibt, wie können wir dann jemand einen Linken nennen?

Meiner Tradition folgend rezitiere ich jedesmal, wenn ich meine Hände zusammenlege und mich tief vor dem Buddha verbeuge, diesen kurzen Vers:

> Einer verbeugt sich und erweist Achtung,
> und einer empfängt die Verbeugung und die Achtung.
> Beide sind wir leer.
> Daher ist unsere Gemeinschaft vollkommen.

Es ist nicht arrogant, in dieser Weise zu sprechen. Wenn ich nicht leer wäre, wie könnte ich mich dann vor dem Buddha verbeugen? Und wenn der Buddha nicht leer wäre, wie könnte er meine Verneigung empfangen? Der Buddha und ich durchdringen einander. „Einssein" vom Ich und Buddha. Buddha besteht aus Nicht-Buddha-Elementen wie mir; und ich bestehe aus Nicht-Ich-Elementen wie dem Buddha. Das Subjekt und das Objekt der Verehrung sind also beide leer. Wie kann es ohne Objekt ein Subjekt geben?

Im Westen hat man viele Jahre lang mit dem Problem des Bösen gekämpft. Warum, so fragt man sich, muß es das Böse geben? Es scheint, daß das für einen Abendländer nur schwer zu verstehen ist.

Doch im Lichte der Nicht-Dualität gibt es kein Problem: Sobald die Vorstellung eines Guten besteht, existiert auch die Idee eines Bösen. Buddha bedarf Mara, um er selbst sein zu können und umgekehrt. Wenn ihr die Wirklichkeit in dieser Weise wahrnehmt, werdet ihr nicht um der Rose willen den Abfall geringschätzen; ihr werdet beides wertschätzen.

Ergreift keine Partei, denn wenn ihr Partei ergreift, so versucht ihr die Hälfte der Wirklichkeit auszuschließen, und das ist unmöglich. Über viele Jahre hinweg haben die Vereinigten Staaten versucht, die Sowjetunion als die böse Seite zu bezeichnen. Manche Amerikaner haben sogar die Illusion, sie könnten ohne die andere Hälfte überleben.

Aber es ist dasselbe wie zu glauben, die rechte Seite könne ohne die linke existieren. In der Sowjetunion bestehen die gleichen Vorstellungen. Dort wird gesagt, daß die amerikanischen Imperialisten die schlechte Seite sind und ausgeschaltet werden müssen, um das Glück in der Welt zu ermöglichen. Doch ist das eine dualistische Art und Weise, die Dinge zu betrachten. Wenn wir Amerika sehr genau anschauen, so sehen wir die Sowjetunion; und wenn wir die Sowjetunion genau betrachten, sehen wir Amerika. Durchschauen wir die Rose, so sehen wir den Abfall, so sehen wir die Rose.

In der gegenwärtigen internationalen Situation gibt jede Seite vor, die Rose zu sein und bezeichnet die andere Seite als Abfall. Doch „dies ist, weil jenes so ist". Und so müßt ihr für das Überleben der anderen Seite Sorge tragen, wenn ihr selbst überleben wollt.

Es ist wirklich sehr einfach: Überleben kann nur die

Menschheit als Ganzes, und nicht bloß ein Teil von ihr. Und wir wissen jetzt, daß dies nicht nur von den Vereinigten Staaten und der Sowjetunion erkannt werden muß, sondern auch von den Ländern des Nordens und Südens. Wenn der Süden nicht überleben kann, wird auch der Norden zugrunde gehen. Können die Länder der sogenannten Dritten Welt ihre Schulden nicht mehr bezahlen, werdet ihr auch hier im Norden darunter zu leiden haben. Wenn ihr nicht für die Dritte Welt Sorge tragt, wird auch euer Wohlergehen davon berührt, und ihr werdet nicht in der Lage sein, weiterhin so zu leben, wie ihr es gewohnt seid.

Das wird schon heute vielerorts sichtbar. Hofft also nicht darauf, die böse Seite eliminieren zu können. Es ist leicht zu meinen, daß wir auf der guten Seite sind, und die andere Seite das Übel ist. Doch Wohlstand beruht auf Armut, und Armut beruht auf Wohlstand. Das ist eine ganz klare Sicht von Wirklichkeit. Wir müssen nicht in die Ferne schauen, um zu sehen, was wir zu tun haben. Die Bürger der Sowjetunion und die der Vereinigten Staaten sind nur menschliche Wesen, und wir können einen Menschen nicht durch Statistiken erforschen und verstehen. Ebensowenig sollten wir diese Aufgabe den Regierungen, Politikern oder Wissenschaftlern überlassen. Wir selbst müssen sie übernehmen. Wenn ihr zu einem Verständnis der Ängste und Hoffnungen sowjetischer Bürger gelangt seid, werdet ihr auch eure eigenen Ängste und Hoffnungen verstehen können.

Nur ein vollständiges Ergründen der Realität kann uns retten; Angst kann uns nicht retten. Wir existieren nicht getrennt von anderen, sondern sind unauflösbar miteinander verwoben.

Die Rose ist der Abfall und der Nicht-Prostituierte ist die Prostituierte; der reiche Mann ist die ganz arme Frau und die Buddhistin ist der Nicht-Buddhist. Der Nicht-Buddhist kann gar nichts anderes als eine Buddhistin sein, denn wir alle bedingen und durchdringen einander.

Die junge Prostituierte wird befreit sein, wenn sie die Natur der wechselseitigen Durchdringung erkennt, und sie wird wissen, daß sie die Früchte der ganzen Welt in sich trägt. Und wenn wir in uns hineinschauen und sie sehen, dann ertragen wir ihre Schmerzen und das Leiden der ganzen Welt.

Lebens-lange Leere

„Höre, Shariputra, Form ist Leere, Leere ist Form, Form ist nicht verschieden von Leere, Leere ist nicht verschieden von Form. In der selben Weise gilt dies für Empfindungen, Wahrnehmungen, Aktivitäten des Geistes und Bewußtsein."

Form ist die Welle und Leere ist das Wasser. Mit Hilfe dieser Vorstellung könnt ihr verstehen. Die Inder sprechen eine Sprache, deren Bilder uns irritieren können, aber wir müssen ihre Ausdrucksweise begreifen, um sie wirklich zu verstehen. Wenn wir im Westen einen Kreis zeichnen, so symbolisiert er für uns die Null, das Nichts. In Indien hingegen symbolisiert ein Kreis Ganzheit, Totalität. Die Bedeutung ist gegenteilig.

„Form ist Leere, Leere ist Form." Auf unsere Vorstellung übertragen bedeutet das: Welle ist Wasser, Wasser ist Welle. „Form ist nicht verschieden von Leere, Leere ist nicht verschieden von Form. In der selben Weise gilt dies für Empfindungen, Wahrnehmungen, Aktivitäten des Geistes und Bewußtsein", denn diese fünf Daseinsformen (Skandhas) enthalten einander. Weil eine Daseinsform existiert, existieren alle.

In der vietnamesischen Literatur gibt es zwei Zeilen in dem Gedicht eines Zenmeisters der Ly Dynastie (12. Jahrhundert), die folgendermaßen lauten:
Wenn es existiert, dann existiert ein einziges Staubkorn.
Wenn es nicht existiert, dann existiert der gesamte Kosmos nicht.

Der Zenmeister drückte damit aus, daß die Vorstellungen von Existenz und Nicht-Existenz nur durch unseren Geist geschaffen sind.

Er sagte auch: „Der gesamte Kosmos kann auf der Spitze eines Haares Platz finden, und Sonne und Mond können in einem Senfkorn erblickt werden."

Dies sind Bilder, die uns zeigen, daß eins alles enthält und alles nur eins ist. Ihr wißt sicher, daß die moderne Naturwissenschaft erkannt hat, daß nicht nur Materie und Energie eins sind, sondern daß auch Materie und Raum eins sind. Und nicht nur Materie, Raum und Geist sind eins, denn der Geist ist darin enthalten.

Weil Form Leere ist, ist Form überhaupt möglich. In der Form finden wir alles andere – Empfindungen, Wahrnehmungen, Aktivitäten des Geistes und Bewußtsein. Leere bedeutet, leer von einem eigenständigen Selbst zu sein; bedeutet, voll von allem, erfüllt von Leben zu sein. Das Wort „Leere" sollte uns daher nicht abschrecken, es ist ein wundervolles Wort. Leer zu sein heißt nicht, nicht-existent zu sein. Wenn das Stück Papier nicht leer wäre, wie könnten dann der Sonnenschein, der Holzfäller und der Wald in ihm enthalten sein? Wie könnte es dann ein Stück Papier sein? Die Schale muß, um leer zu sein, dasein. Form, Empfindungen, Wahrnehmungen, Aktivitäten des Geistes und Bewußtsein müssen, um leer von eigenständigem Selbst zu sein, existieren.

Leere ist die Grundlage von allem. Dank der Leere ist alles möglich. Dies ist eine wichtige Aussage Nagarjunas, eines buddhistischen Philosophen des zweiten Jahrhunderts. Leere ist tatsächlich eine optimistische Vorstellung. Wenn ich nicht leer wäre, könnte ich nicht sein, und wenn ihr nicht leer wäret, könntet ihr nicht sein. Weil ihr seid, kann auch ich sein. Das ist die wahre Bedeutung von Leere. Form hat keine selbständige Existenz, und Avalokita möchte, daß wir diesen Punkt verstehen.

Dank der Leere sind wir lebendige Wesen und können atmen und denken. Leer zu sein bedeutet, lebendig zu sein, ein- und auszuatmen. Wir könnten nicht lebendig sein, wenn wir nicht leer wären. Leere ist Unbeständigkeit, steter Wandel. Wir sollten uns nicht über Unbeständigkeit beklagen, denn ohne sie ist nichts möglich.

Ein englischer Buddhist, mit dem ich sprach, bedauerte, daß das Leben leer und unbeständig ist. Er war seit fünf Jahren Buddhist und hatte sehr viel über Leere und Unbeständigkeit nachgedacht. Er erzählte mir, daß seine vierzehnjährige Tochter eines Tages zu ihm sagte: „Bitte, Vater, beklage dich nicht über die Unbeständigkeit, denn wie könnte ich ohne sie überhaupt wachsen!"
Natürlich hat sie recht. Wenn ihr ein Getreidekorn in die Erde einpflanzt, so hofft ihr, daß daraus eine große Getreidepflanze wird. Gäbe es keine Unbeständigkeit, so bliebe das Getreidekorn für immer ein Getreidekorn, ihr hättet niemals eine Ähre und könntet niemals Getreide essen. Unbeständigkeit ist die entscheidende Voraussetzung für alles Leben. Anstatt uns über sie zu beklagen, sollten wir sie feiern und sagen: „Hoch lebe die Unbeständigkeit!" Dank der Unbeständigkeit ist alles möglich. Das ist eine sehr optimistische Sichtweise. Das gleiche gilt für die Leere; sie ist wichtig, denn ohne Leere ist nichts möglich. So sollten wir ebenfalls sagen: „Hoch lebe die Leere!"

Leere ist die Basis von allem. Dank der Leere ist Leben nur möglich. Und alle fünf Skandhas folgen demselben Prinzip.

Friedensarbeit

Der Weg der Achtsamkeit führt nicht nur zu innerem Frieden und weltentrückter Erleuchtung. Ein Leben in Achtsamkeit bringt Frieden und Versöhnung in die Welt. Die Schrift „Innerer Friede – Äußerer Friede" ist eine Sammlung von Vorträgen und Reden, die Thích Nhât Hanh auf einer Reise durch buddhistische Zentren in den USA. im Herbst 1985 hielt. Hier spricht er über sein innersten Anliegen: Frieden in die Welt zu bringen, den Menschen zur Versöhnung und friedvollem Leben zu führen. Dafür hat er sogar einen speziellen Friedensvertrag ausgearbeitet, den zwei oder mehrere Menschen vor einer Versammlung abschließen, nachdem sie erkannt haben, daß sie gegenseitig feindselige Gedanken oder Handlungen hatten.

Nhât Hanh widmet seit dem Vietnamkrieg sein Leben dem Frieden der Völker, besonders seinem vietnamesischen Volk.

Für die Boatpeople seines Volkes organisierte er Hilfe und für sie gründete er in Frankreich den Zufluchtsort „Plum Village", an dem heute Sommer- und Winterretreats, auch für Menschen aus Europa, Amerika und Australien, stattfinden. Hier lehrt er, hier praktiziert er auch seine Friedensarbeit.

Friede sein

Wir erhalten in „Plum Village" in Frankreich viele Briefe aus den Flüchtlingslagern in Singapur, Malaysia, Indonesien, Thailand und den Philippinen, hunderte jede Woche. Es tut sehr weh, sie zu lesen, aber wir müssen es tun, wir müssen in Kontakt bleiben. Wir tun unser Bestes, um zu helfen, aber das Leid ist riesengroß, und manchmal sind wir entmutigt. Es heißt, die Hälfte der Boatpeople stirbt auf dem Meer; nur die Hälfte erreicht die Küsten Südostasiens.

Es gibt viele junge Mädchen, boatpeople, die von Seepiraten vergewaltigt werden. Obwohl die Vereinten Nationen und viele Länder versuchen, die Regierung von Thailand darin zu unterstützen, diese Art Piraterie zu verhindern, fügen Seepiraten den Flüchtlingen weiterhin viel Leid zu. Eines Tages erhielten wir einen Brief, der uns von einem jungen Mädchen berichtete, das auf einem kleinen Boot von einem Thai-Piraten vergewaltigt worden war. Sie war erst zwölf; sie sprang ins Meer und brachte sich um.

Wenn du so etwas erfährst, wirst du als erstes zornig auf den Piraten. Du stellst dich natürlich auf die Seite des Mädchens. Wenn du tiefer schaust, wirst du es allmählich anders sehen. Wenn du dich auf die Seite des Mädchen stellst, ist es einfach. Du brauchst nur ein Gewehr zu nehmen und den Piraten zu erschießen. Aber das können wir nicht tun. Ich habe in meiner Meditation gesehen, daß ich selbst der Pirat wäre, wäre ich in dem Dorf des Piraten geboren und unter denselben Bedingungen aufgewachsen wie er. Es ist sehr wahrscheinlich, daß ich Pirat geworden wäre. Ich kann mich selbst nicht so einfach verdammen. In meiner Meditation habe ich gesehen, daß viele Kinder, Hunderte am Tag, entlang des Golfs von Siam geboren werden. Und wenn wir Erzieher und Erzieherinnen, Sozialarbeiter und Sozialarbeiterinnen, Politiker und Politikerinnen und andere nichts an der Situation ändern, werden in 25 Jahren eine Reihe von ihnen Seepiraten. Das ist gewiß. Wenn du oder ich heute in diesen Fischerdörfern geboren würdest, würden wir möglicherweise in 25 Jahren Seepiraten. Wenn du ein

Gewehr nimmst und den Piraten erschießt, erschießt du uns alle; denn wir alle sind in gewissem Umfang für diesen Zustand verantwortlich.

Nach einer langen Meditation habe ich das folgende Gedicht geschrieben. Darin gibt es drei Menschen: das zwölfjährige Mädchen, den Piraten und mich. Können wir uns ansehen und uns in der anderen Person erkennen? Der Titel des Gedichts heißt: „Bitte rufe mich doch bei meinem wahren Namen", weil ich so viele Namen habe. Wenn ich einen dieser Namen höre, muß ich „ja" sagen.

Sag nicht, daß ich morgen scheide,
denn ich komme doch eben erst an.

Schau: jeden Augenblick komme ich an,
sei es als Knospe am Frühlingszweig
oder kleiner Vogel mit Flügeln, die noch nicht tragen –
im neuen Nest lern ich erst singen,
eine Raupe im Herzen der Blume
oder ein Juwel, verborgen im Stein.

Ich komme gerade erst an mit Lachen und Weinen,
mit Furcht und mit Hoffnung –
der Schlag meines Herzens ist Geburt und Tod von allem,
   was lebt.

Ich bin die Fliege, die gerade schlüpft
an der Oberfläche des Flusses,
Bin auch der Vogel, der im Frühling
beizeiten kommt, sie zu schnappen.

Ich bin der Frosch, der vergnüglich
im klaren Wasser des Teiches schwimmt,
und bin die Schlange, die, sich geräuschlos nähernd,
vom Froschfraß lebt.

Ich bin das Kind aus Uganda, nur Haut und Knochen,
mit Beinchen so dünn wie Stöcke aus Bambus;
und ich bin der Waffenhändler – verkaufe
todbringende Waffen nach Uganda.

Ich bin das zwölfjährige Mädchen,
Flüchtling in einem kleinen Boot,
das, vergewaltigt vom Piraten,
nur noch den Tod im Ozean sucht;
und ich bin auch der Pirat –
mein Herz ist noch nicht fähig, zu sehen und zu lieben.

Ich bin ein Mitglied des Politbüros mit
reichlich Macht in meinen Händen,
und ich bin der Mann, der seine
„Blutschuld" an sein Volk zu zahlen hat,
langsam sterbend in einem Arbeitslager.
Meine Freude ist wie der Frühling, so warm,
daß sie die Blumen auf allen Wegen erblühen läßt.
Mein Schmerz ist wie ein Tränenstrom, so mächtig, daß er
  alle vier Meere auffüllt.

Bitte rufe mich bei meinen wahren Namen,
daß ich mein Schreien und mein Lachen
zur gleichen Zeit hören kann,
so daß ich sehe,
daß meine Freude und mein Schmerz eins sind.

Bitte rufe mich bei meinen wahren Namen,
so daß ich erwache,
und das Tor meines Herzens von nun an offensteht –
das Tor des Mitgefühls.

Es gibt eine Zen-Erzählung über einen Mann, der in schnellem Galopp reitet. Ein anderer Mann, der an der Straße steht, ruft ihm zu: „Wohin reitest du?" Der Reiter ruft zurück: „Ich weiß es nicht. Frag das Pferd!" Ich glaube, so ist auch unsere Situation. Wir reiten viele Pferde, die wir nicht kontrollieren können. Die zunehmende Aufrüstung ist zum Beispiel so ein Pferd. Wir haben unser Bestes getan, aber wir können diese Pferde nicht kontrollieren. Wir sind so beschäftigt.

Im Buddhismus ist der wichtigste Grundsatz, bewußt zu leben, zu wissen, was geschieht. Und dies nicht nur hier, sondern auch dort. Wenn du beispielsweise ein Stück Brot ißt, kannst du dir darüber klarwerden, daß unsere Bauern für den Weizen reichlich viel giftige Chemikalien benutzen. Wenn wir das Brot essen, sind wir in irgendeiner Weise mitverantwortlich für die Zerstörung der Umwelt. Wenn wir ein Stück Fleisch essen oder Alkohol trinken, können wir ein Bewußtsein dafür entwickeln, daß in der Dritten Welt täglich 40 000 Kinder verhungern, und daß wir eine große Menge Getreide verbrauchen, um ein Stück Fleisch oder eine Flasche Alkohol zu produzieren. Eine Schale Getreide zu essen statt Fleisch, mag dem Leiden in der Welt eher Rechnung tragen. Jemand, spezialisiert für Wirtschaftsfragen, hat mir in Frankreich erzählt, daß es ausreichen würde, 50 % weniger Fleisch zu essen und Alkohol zu trinken, um die Situation in der Welt zu verändern. Nur 50 % weniger.

Täglich tun wir etwas oder sind wir etwas, das mit Frieden zu tun hat. Wenn wir uns unseres Lebensstils, unserer Konsumgewohnheiten, unserer Betrachtungsweisen bewußt sind, können wir auch erfahren, wie wir in jedem Augenblick, den wir leben, etwas zum Frieden beitragen können. Wenn wir die Sonntagszeitung in die Hand nehmen, können wir uns beispielsweise darüber im klaren sein, daß es sich um eine drei bis vier Pfund schwere Ausgabe handelt. Vielleicht war ein ganzer Wald nötig, um solch eine Zeitung zu drucken. Wenn wir zur Zeitung greifen, sollten wir uns so etwas klar machen. Wenn wir sehr bewußt sind, können wir etwas tun, um den Lauf der Dinge zu ändern.

In meinem Tempel war ich der erste Mönch, der Fahrrad fuhr. Zu dieser Zeit gab es keine Gedichte (Gathas), die du beim Fahrradfahren rezitieren konntest. Wir müssen intelligent praktizieren, um auf dem laufenden zu bleiben. Deswegen habe ich neulich eine Gatha geschrieben, die du benutzen kannst, bevor du das Auto anläßt. Ich hoffe, du kannst etwas damit anfangen:

> Bevor ich das Auto anlasse,
> weiß ich, wohin ich fahre.
> Das Auto und ich sind eins.
> Wenn das Auto schnell fährt, fahre ich auch schnell.

Manchmal ist es gar nicht nötig, das Auto zu nehmen. Aber weil wir von uns selbst weg möchten, gehen wir hinunter und lassen das Auto an. Wenn wir die folgende Gatha rezitieren: „Bevor ich das Auto anlasse, weiß ich, wohin ich fahre", kann es uns wie eine blitzartige Erkenntnis treffen. Wir erkennen, daß wir nirgendwohin zu fahren brauchen. Wohin wir auch gehen, nehmen wir uns selbst immer mit. Wir können uns daher nicht entfliehen. Manchmal ist es daher besser, den Motor wieder abzuschalten und zu einer Geh-Meditation hinauszugehen. Das kann viel erfreulicher sein.
Es heißt, in den letzten Jahren seien zwei Millionen Quadratmeilen Waldgebiet durch sauren Regen zerstört worden, teilweise auch durch unsere Autos. „Bevor ich das Auto anlasse, weiß ich, wohin ich fahre" enthält eine sehr tiefe Frage: „Wohin fahre ich? Zu meiner eigenen Vernichtung?" Wenn die Bäume sterben, müssen die Menschen ebenfalls sterben. Wenn Bäume und Tiere nicht leben, wie können wir da leben?
„Das Auto und ich sind eins." Wir haben den Eindruck, als hätten wir das Sagen, und das Auto sei nur ein Instrument. Aber das ist nicht wahr. Mit dem Auto werden wir zu etwas anderem. Mit einem Gewehr in der Hand werden wir sehr gefährlich – mit einer Flöte hingegen angenehm. Mit 50 000 Atombomben in ihrem Besitz ist die Menschheit die gefährlichste Spezies auf Erden. Wir waren nie so gefährlich wie heutzutage. Wir sollten daher aufpassen. Die grundlegende Verhaltensgsregel heißt, darauf zu achten, was wir tun und was wir sind – in jeder Minute. Jede andere Regel wird dieser einen folgen.

Wir müssen die Dinge tief ergründen, um wirklich sehen zu können. Wer im Wasser schwimmt und das klare Wasser des Flusses genießt, sollte schließlich zum Fluß *werden*. Eines Tages war ich zum Mittagessen mit einigen Freundinnen und

Freunden an der Universität von Boston. Ich schaute zum Charles River hinunter. Ich war schon seit geraumer Zeit von zu Hause weg und fand den Fluß wunderschön. Deshalb entfernte ich mich und lief hinunter zum Fluß, um mein Gesicht zu waschen und meine Füße ins Wasser einzutauchen, wie es in unserem Lande so üblich war. Als ich zurückkam, sagte ein Professor: „Das ist eine sehr gefährliche Sache. Haben Sie Ihren Mund in dem Fluß ausgespült?" Als ich mit „ja" antwortete, sagte er: „Sie sollten zum Arzt gehen und sich eine Spritze geben lassen."

Ich war schockiert. Ich wußte nicht, daß die Flüsse hier so verschmutzt sind. Du kannst sie beinahe tote Flüsse nennen. In unserem Land werden die Flüsse manchmal sehr trübe, aber es ist nicht diese Art von Verschmutzung. Jemand hat mir erzählt, im Rhein seien so viele Chemikalien, daß du darin deine Filme entwickeln kannst. Wir können gut schwimmen, aber gelingt es uns auch, der Fluß zu sein mit den Ängsten und Hoffnungen eines Flusses? Wenn nicht, dann können wir auch nicht erwarten, Frieden zu finden. Wenn alle Flüsse erst tot sind, wird es auch keine Freude am Schwimmen im Fluß mehr geben.

Wenn du gern Berge besteigst und das Land oder den grünen Wald liebst, dann weißt du, daß die Wälder unsere Lungen außerhalb unseres Körpers sind. Und doch haben wir uns so verhalten, daß zwei Millionen Quadratmeilen Waldes durch sauren Regen zerstört worden sind. Wir sind alle eingekerkert in unser kleines Selbst, denken nur an die Annehmlichkeiten für dieses kleine Selbst, während wir unser größeres Selbst zerstören. Eines Tages habe ich plötzlich gesehen, daß die Sonne mein Herz ist, mein Herz außerhalb dieses Körpers. Wenn das Herz meines Körpers nicht mehr funktioniert, kann ich nicht überleben. Aber wenn die Sonne, mein anderes Herz aufhört tätig zu sein, muß ich ebenfalls sofort sterben. Wir sollten lernen, unser wahres Selbst zu sein. Das bedeutet, wir müssen Fluß, Wald, Sowjetbürger sein. Nur so können wir verstehen und Hoffnung für die Zukunft entwickeln. Das ist die nichtdualistische Betrachtungsweise.

Während des Vietnam-Krieges haben wir jungen Buddhisten uns organisiert, um den Kriegsopfern zu helfen, ihre von Bomben zerstörten Dörfer wieder aufzubauen. Viele von uns starben in diesem Dienst, nicht nur durch Bomben und Kugeln, sondern auch wegen der Leute, die uns verdächtigten, auf der anderen Seite zu stehen. Wir konnten die Leiden beider Seiten sehen, die der Kommunisten und der Antikommunisten. Wir versuchten, für beide offen zu sein, diese Seite und jene Seite zu verstehen, eins mit ihnen zu sein. Aus diesem Grunde haben wir nie Partei ergriffen, wo doch die ganze Welt Partei ergriff. Wir versuchten, den Menschen unsere Sicht der Situation klarzumachen: daß wir die Kämpfe beenden wollten. Aber die Bomben waren so laut. Manchmal mußten wir uns bei lebendigem Leib verbrennen, um unsere Botschaft deutlich zu machen, aber selbst dann konnte uns die Welt nicht hören. Viele meinten, wir unterstützten damit irgendeine politische Unternehmung. Sie erkannten nicht, daß es sich um eine rein menschliche Tat handelte, um nur endlich gehört und verstanden zu werden. Wir wollten Versöhnung und keinen Sieg. Eine Arbeit unter solchen Umständen ist sehr gefährlich – wir wollten Menschen helfen, und dabei wurden viele von uns getötet. Die Kommunisten töteten uns, weil sie uns verdächtigten, mit den Amerikanern zusammenzuarbeiten, und die Antikommunisten töteten uns, weil sie dachten, wir wären auf der Seite der Kommunisten. Aber wir wollten nicht aufgeben und etwa nur eine Seite unterstützen.

Die Welt ist noch immer so. Die Menschen identifizieren sich vollständig mit einer Seite, einer Ideologie. Um das Leiden und die Furcht eines Bürgers oder einer Bürgerin der Sowjetunion zu verstehen, müssen wir eins werden mit ihm oder ihr. Das ist gefährlich – wir werden bei beiden Seiten in Verdacht geraten. Aber wenn wir das nicht tun, wenn wir uns der einen oder der anderen Seite anschließen, verpassen wir unsere Chance für den Frieden zu arbeiten. Aussöhnung bedeutet, beide Seiten zu verstehen, der einen Seite die Leiden der anderen Seite zu beschreiben und umgekehrt. Allein das zu tun, wäre eine große Hilfe für den Frieden.

Während eines Retreats im Providence Zen Center habe ich jemanden gebeten, sich als Schwimmer in einem Fluß darzustellen, und, 15 Minuten später, als der Fluß. Er mußte zum Fluß werden, um sich in der Sprache und den Gefühlen des Flusses ausdrücken zu können. Danach wurde eine Frau, die schon einmal in der Sowjetunion gewesen war, aufgefordert, sich zunächst als Amerikanerin auszudrücken und dann, nach einigen Atem- und Meditationsübungen, als Sowjetbürgerin, mit all ihren Ängsten und ihrer Hoffnung auf Frieden. Sie machte das wundervoll. Das sind Meditationsübungen zur Nicht-Dualität.

Die jungen Buddhistinnen und Buddhisten in Vietnam versuchten, diese Art der Meditation zu leben. Viele von ihnen starben bei ihrem Dienst. Ich habe ein Gedicht für meine jungen Brüder und Schwestern geschrieben darüber, wie es möglich ist, gewaltlos und ohne Haß zu sterben. Das Gedicht heißt:

Empfehlung

Versprich mir,
versprich mir heute,
während die Sonne hoch am Himmel steht –
wenn sie dich zu Boden schmettern
mit einem Berg aus Haß und Gewalt,
nicht zu vergessen, Bruder:
Der Mensch ist nicht unser Feind.

Mag dein Mitgefühl noch so gerecht sein,
gerecht auch dein Haß,
unbezwinglich und grenzenlos –
so wird der Haß dir nicht helfen,
der Bestie im Menschen zu widerstehen.
Aber eines Tages, wenn du dieser
Bestie gegenübertrittst, allein
mit unversehrtem Mut,
mit freundlichem Blick,
wird aus deinem Lächeln

> eine Blume erblühen,
> und diejenigen, die dich lieben,
> werden auf dich schauen
> über 10 000 Welten von Tod und Geburt hinweg.
>
> Wieder allein,
> schreite ich fort mit gebeugtem Haupt,
> doch wissend um die Unsterblichkeit der Liebe.
> Und auf dem langen, rauhen Weg
> scheinen mir Sonne und Mond,
> erhellen meinen Weg.

Meditation zu praktizieren bedeutet, um die Existenz von Leiden zu wissen. Die Erste Dharma Rede, die der Buddha hielt, handelte vom Leiden und dem Weg aus dem Leiden. In Südafrika leiden die Schwarzen immens, aber auch die Weißen leiden. Wenn wir uns nur auf eine Seite stellen, können wir unsere Aufgabe der Versöhnung nicht erfüllen, um Frieden herbeizuführen.

Gibt es Leute, die mit beiden Seiten, der schwarzen und der weißen Bevölkerungsgruppe in Südafrika, in Verbindung sein können? Wenn es von ihnen nur wenige gibt, ist die Lage sehr schlecht. Es muß Leute geben, die mit beiden Seiten Kontakt haben, die Leiden jeder Seite verstehen und jeweils der einen Seite von den anderen erzählen. Gibt es Menschen, die diese Art von Vermittlung und Aussöhnung zwischen den beiden großen politischen Blöcken auf der Erde unternehmen? Könnt ihr mehr sein als nur Amerikaner? Könnt ihr Menschen sein, die tief das Leiden beider Seiten verstehen? Könnt ihr die Botschaft der Aussöhnung bringen?

Euch ist vielleicht nicht bewußt, daß euer Land (die USA, d. Übersetzerin) viele konventionelle Waffen hergestellt hat, um sie an Dritte-Welt-Länder zu verkaufen, dort bringen die Völker sich dann gegenseitig damit um. Ihr wißt genau, daß die Kinder und Erwachsenen in diesen Ländern eher Nahrungsmittel brauchen als tödliche Waffen. Aber niemand hat Zeit, eine öffentliche Debatte über das Problem der Herstellung und des Verkaufs dieser Mordinstrumente einzuleiten. Jeder ist zu beschäftigt. Konventionelle Waffen haben in den letzten 30, 40, 50 Jahren sehr viele Menschen getötet. Wir unterliegen einem Irrtum, wenn wir nur an die Atombombe denken, die demnächst explodieren könnte, und unsere Aufmerksamkeit nicht auch auf die Bomben richten, die derzeit tatsächlich explodieren. Ich glaube, Präsident Reagan sagte, die USA müßten weiterhin konventionelle Waffen produzieren und verkaufen, weil sonst ein anderes Land es täte und die USA wichtige Absätzmärkte verlieren würden. So etwas zu behaupten, ist nicht gut, und es geht an der Sache vorbei. Dieses Statement ist nichts als eine Ausrede; es gibt jedoch reale Faktoren, die ihn und die ganze Nation drängen, weiterhin konventionelle Waffen für den Verkauf zu produzieren. Zum Beispiel werden viele Menschen ihre Arbeit verlieren, wenn sie damit aufhören. Haben wir über die Art der Arbeit nachgedacht, die diesen Menschen helfen könnte, wenn die Waffenindustrie aufhört zu produzieren?

Nur wenige Amerikaner machen sich klar, daß diese Waffen jeden Tag Menschen in der Dritten Welt töten. Der Kongreß hat diese Angelegenheit nie ernsthaft diskutiert. Wir haben uns nicht die Zeit genommen, diese Situation wirklich klar zu sehen. Deswegen waren wir nicht in der Lage, die Politik unserer Regierung zu ändern. Wir sind nicht stark genug, Druck auf die Regierung auszuüben. Die Außenpolitik einer Regierung wird in großem Ausmaß vom Volk und seiner Lebenseinstellung bestimmt. Als Staatsbürgerinnen und -bürger haben wir eine große Verantwortung. Wir denken, daß die Regierung frei in ihrer Politik ist, aber diese Freiheit wird auch von unserem täglichen Leben bestimmt, Wenn wir es ihr ermöglichen, ihre Grundsätze zu ändern, wird sie es tun. Ihr denkt vielleicht, daß ihr tun könntet, was ihr wolltet, wenn ihr an der Regierungsmacht wärt, aber das ist nicht wahr. Wenn du Präsidentin oder Präsident wirst, wirst du mit dieser bitteren Wahrheit konfrontiert. Du wirst es wahrscheinlich genauso machen, ein bißchen besser oder ein bißchen schlechter.

Deshalb müssen wir die ganze Wahrheit sehen, die tatsächliche Situation. Unser Alltagsleben, was wir essen und trinken, all das hat mit der politischen Weltlage zu tun. Meditation bedeutet, tief in die Dinge hineinzuschauen, zu sehen, wie wir unsere Situation ändern und transformieren können. Unsere Situation zu transformieren bedeutet auch, unser Bewußtsein zu transformieren. Unser Bewußtsein zu transformieren bedeutet auch, unsere Situation zu transformieren, denn die Situation ist Bewußtsein, und Bewußtsein ist die Situation. Es ist wichtig, daß wir erwachen. Die Natur der Bombe, die Natur des Unrechts, die Natur der Waffen und die Natur unseres eigenes Wesens sind gleich. Das ist die wahre Bedeutung von engagiertem Buddhismus.

Loslassen und Einssein

Thích Nhât Hanh hat 1964 in Vietnam einen Orden gegründet, der den Namen „Einssein" (Tiêp-Hiên) trägt. Das vietnamesische Wort bedeutet auch: „mit etwas in Berührung sein", „weiterführen", „verwirklichen" und „hier-und-jetzt handeln". Diese Gemeinschaft steht offen für alle Aktivitäten, die den Geist der Weisheit und des Mitgefühls realisieren. Dieses Herz der buddhistischen Lehre ist ihr wichtiger als die eine oder andere buddhistische Form oder Tradition.

Die Satzung des Ordens kennt die vier Grundsätze:

- *Nicht Anhaften an Ansichten*
- *Verwirklichung in direkter Übung*
- *Angemessenheit*
- *Geeignete Mittel*

Der Ordensgründer hat dieser Gemeinschaft 14 Regeln gegeben, die die Mitglieder in ihrem Alltag zu leben versuchen. Diese Regeln werden in Zeremonien, die in regelmäßigem Abstand in den Gemeinschaften abgehalten werden, rezitiert.

Die Zeremonie der Regeln

Die Gemeinschaft hat mich gebeten, heute die Regeln vorzulesen. Ich bitte die Gemeinschaft um spirituelle Unterstützung. Bitte hört, Brüder und Schwestern.

Die Regeln des Ordens des Einsseins sind die Essenz des Ordens des Einsseins. Sie sind das Licht, das unseren Weg erleuchtet; das Boot, das uns trägt; der Lehrer, der uns leitet. Ich bitte die Gemeinschaft, mit gesammeltem Geist zuzuhören.

Betrachtet die Regeln als einen klaren Spiegel, in dem ihr euch selbst seht. Sagt schweigend jedesmal ja, wenn ihr seht, daß ihr während der vergangenen Woche eine Anstregung unternommen habt, die vorgelesene Regel zu studieren, zu üben und zu beachten.

(Die Glocke ertönt einmal)

Schwestern und Brüder, seid ihr bereit?

Jeder (schweigend): Ich bin bereit.

Dies sind die Regeln des Ordens des Einsseins:

Erste Regel:

„Schaffe dir keine Götzen in Form von Lehrmeinungen, Theorien oder Ideologien, einschließlich der buddhistischen, und hänge diesen nicht an. Buddhistische Denksysteme sind Hilfsmittel zur Orientierung und keine absoluten Wahrheiten."

(Schweigen)

Dies ist die erste Regel des Ordens des Einsseins. Habt ihr sie während der vergangenen Woche studiert, geübt und beachtet?

(Glocke)

Auslegung der ersten Regel durch Thích Nhât Hanh:
In den Sutren findet sich oft der Ausdruck „Das Brüllen des großen Löwen". Die erste Regel des Tiêp Hiên Ordens ist genau dieses Brüllen. Vielleicht ist der Buddhismus die einzige

Religion, die von ihrer eigenen Lehre als einem Floß zum Überqueren des Flusses spricht und sie nicht als absolute Wahrheit ansieht, die verehrt und bewahrt werden muß. Dies ist die stärkste Maßnahme, die der Buddhismus gegenüber Dogmatismus und Fanatismus ergreift, den Ursachen für soviele Konflikte und Gewalt. Viele buddhistische Schriften wie das *Kalama-Sutra* und das *Vajracchedika-Sutra* haben sich mit diesem wichtigen Thema beschäftigt.

Gemäß dem Buddhismus kann Wissen selbst ein Hindernis zum wahren Verstehen sein, so wie Meinungen Hürden vor der Einsicht sind. Das Anhaften an Meinungen kann uns daran hindern, zu einem höheren oder tieferen Verständnis der Wirklichkeit zu gelangen. Der Buddhismus drängt uns dazu, unser eigenes Wissen zu transzendieren, um auf dem Pfad der Erleuchtung weiter zu gelangen. Alle Ansichten werden als „Hindernisse zur wahren Einsicht" betrachtet.

Diese Regel macht uns offen für die wahre Dimension des Buddhismus, der völligen Offenheit und absoluten Toleranz. Offenheit und Toleranz sind nicht einfach Mittel, um im Alltagsleben mit anderen Menschen umzugehen, sondern Tore zur Verwirklichung des Weges. Wenn wir nicht im Stande sind, die Hindernisse unseres Wissens beiseite zu räumen, so werden wir gemäß den buddhistischen Lehren in unseren eigenen Ansichten gefangen und können niemals den Weg erreichen.

Im *Sutra der Einhundert Gleichnisse* gibt es eine Geschichte über einen jungen Kaufmann und seinen kleinen Sohn. Der Kaufmann war ein Witwer, der seinen Sohn sehr liebte. Dennoch verlor er ihn schließlich durch seinen Mangel an Weisheit. Eines Tages, als er gerade fort war, wurde sein Sohn von Räubern entführt. Auf ihrem Rückzug legten die Räuber Feuer an das Dorf. Als der junge Kaufmann zurückkehrte, fand er dicht bei seinem Haus den verkohlten Leichnam eines Kindes. In seinem Schmerz und seiner Verwirrtheit nahm er an, daß dies sein Sohn wäre. Nachdem er die Nacht in Trauer verbracht hatte, organisierte er eine Einäscherungszeremonie für seinen Sohn. Er hing so an dem kleinen Jungen, daß er den Beutel mit Asche Tag und Nacht bei sich trug. Einige Monate später konnte der

Junge den Räubern entkommen und nach Hause zurückkehren. Er kam um Mitternacht an und klopfte an die Tür. In der Annahme, daß ein Lausbube sich einen Spaß mit ihm machen wolle, dachte der Kaufmann gar nicht daran, daß es sein Sohn sein könnte. Deshalb öffnete er nicht. Der Junge mußte schließlich wieder gehen, und so verlor er seinen Sohn für immer.

Der Buddha lehrte, daß an einer Ansicht festzuhalten und sie als absolute Wahrheit zu nehmen gleichbedeutend damit sei, den eigenen Prozeß des Untersuchens und der Erleuchtung zu beenden. Das fanatische Anhaften an einer Weltanschauung verhindert nicht nur das eigene Lernen, sondern kann auch zu blutigen Konflikten führen. Religiöse und ideologische Kriege sind das Ergebnis von Fanatismus und Engherzigkeit. Das gilt auch für die Zerstörung von Leben und moralischen Werten während des Krieges in Vietnam. Der Tiêp Hiên Orden wurde in dieser Situation des größten Leidens geboren wie eine Lotusblume, die aus einem Feuermeer erwächst. Die erste Tiêp Hiên Regel ist die mitfühlende Stimme des Buddha in einem Ozean aus Haß und Gewalt. Um den wahren Wert dieser Regel besser zu verstehen, sollten wir die Situation kennen, aus der sie entstand.

Es gibt drei Arten von Handeln oder *karma*: das des Körpers, das der Rede und das des Geistes. Die Tiêp Hiên Regeln beginnen mit dem Geist. Dies siedelt den Orden des Einsseins an der Quelle der buddhistischen Weisheit an. Der Buddha sagte, daß der Geist das grundlegende *dharma* sei. Wir glauben, daß es eine körperliche Aktion ist, jemanden mit einem Messer oder einem Gewehr zu töten. Aber schon ein fanatischer Geist kann den Tod nicht nur eines, sondern von Millionen von Menschen verursachen. Wenn wir der ersten Tiêp Hiên Regel folgen, dann werden alle Waffen überflüssig. Deshalb beinhaltet die erste Regel alle anderen Regeln, einschließlich derer nicht zu töten, sondern alles Leben zu beschützen. Sakyamuni Buddha sagte, daß seine Lehre uns wie ein Floß zum Überqueren des Flusses dienen solle. Deshalb sind buddhistische Lehren Mittel, um Menschen zu helfen, und nicht dazu da, verehrt zu werden oder darum zu kämpfen und einander Leiden zu bringen. Die schlimmsten Feinde des Buddhismus sind Fanatismus und

Engherzigkeit. Heilige Kriege haben keinen Platz im Buddhismus, weil Töten den Wert des Buddhismus selbst zerstört.

So, wie verschiedene Medikamente zur Behandlung verschiedener Krankheiten erforderlich sind, braucht auch der Buddhismus verschiedene Dharma-Tore für den Menschen in unterschiedlichen Situationen. Auch wenn sich diese Dharma-Tore voneinander unterscheiden mögen, so sind sie doch alle Dharma-Tore. Auf die gleiche Weise werden verschiedene Leiden unterschiedlich behandelt, aber alle Behandlungen nutzen Medizin. Die Lehren und Übungen, die im Buddhismus zu finden sind, mögen recht unterschiedlich erscheinen, haben aber alle die Befreiung des Geistes zum Ziel. Der Buddha sagte: „Das Wasser in den vier Ozeanen hat nur einen Geschmack, den Geschmack der Befreiung." Buddhistische Lernende müssen die verschiedenen buddhistischen Lehren und Ideen auf die gleiche Weise betrachten. Die Haltung der Offenheit und des Nicht-Anhaftens an Ansichten sollte die Basis für alle Handlungen der Versöhnung und des Friedens sein. Sie ist auch das Tor zur Welt des So-Seins und zur höchsten Freiheit.

Zweite Regel:

„Denke nicht, daß dein derzeitiges Wissen unveränderlich und die absolute Wahrheit ist. Vermeide es, engstirnig und an deine gegenwärtigen Ansichten gebunden zu sein. Lerne und praktiziere den Weg des Nicht-Anhaftens an Ansichten, um für andere offen zu sein und ihre Standpunkte respektieren zu können. Die Wahrheit ist nur im Leben und nicht in vorgeformtem Wissen zu finden. Sei bereit, das ganze Leben hindurch zu lernen und die Wirklichkeit in dir selbst und in der Welt unablässig zu beobachten."

(Schweigen)

Dies ist die zweite Regel des Ordens des Einsseins. Habt ihr sie während der vergangenen Woche studiert, geübt und beachtet?

(Glocke)

Auslegung der zweiten Regel durch Thích Nhât Hanh:
Die zweite Regel ist aus der ersten entstanden und beschäftigt sich ebenfalls mit dem Geist. Diese Regel warnt uns davor, in unserem eigenen Wissen gefangen zu werden. Wissen mag notwendig sein, um zu denken und zu urteilen und kann in anderen Bereichen des täglichen Lebens sinnvoll sein, aber es ist nicht die höchste Wahrheit. Wenn wir zum Beispiel einen Sonnenuntergang betrachten, meinen wir möglicherweise, daß die Sonne sich noch über dem Horizont befindet, und andere stimmen uns vielleicht zu. Doch die Wissenschaftler sagen uns, daß die Sonne bereits vor acht Minuten untergegangen ist. So setzt ihre Wahrheit unsere außer Kraft und wir erkennen, daß wir nur die Sonne der Vergangenheit und nicht die der Gegenwart gesehen haben. Dieses Beispiel zeigt uns, daß unsere Wahrnehmungen und Urteile immer noch Irrtümer bezüglich der Wirklichkeit enthalten. Wenn wir zu sehr an unserem Wissen anhaften, können wir deshalb die Gelegenheit versäumen, auf dem Weg zum Verständnis der Wirklichkeit voranzuschreiten.

Buddhistische Übung zielt darauf ab, das Wissen zu überwinden. Wissenschaftler mit der Fähigkeit zu zweifeln und ihr eigenes Wissen in Frage zu stellen haben eher die Möglichkeit, neue Entdeckungen zu machen. Jede wissenschaftliche Wahrheit von heute kann der Irrtum von morgen werden. Jede Wissenschaft muß ständig neu entdecken. Offen zu sein, bereit zu sein, gegenwärtige Ansichten zu überwinden, das ist die Einstellung eines weisen Forschers. Unser Wissen hängt von unserem Standpunkt ab. Unsere Ansicht kann immer durch andere Ansichten vervollständigt und verbessert werden. Was wir auf dieser Seite des Gebirges als richtig ansehen, mag auf der anderen Seite als falsch gelten. An Ansichten anzuhaften ist ähnlich der Weigerung, eine Leiter immer höher zu steigen, und stattdessen zu meinen, die gegenwärtige Stufe sei die höchste.

Der Buddhismus lehrt uns das Betrachten der Dinge in ihrer Natur des bedingten Seins und Entstehens. Damit können wir uns von unserer begrifflichen Welt befreien, in der die Dinge ein eigenes Selbst zu haben scheinen. Die Geisteshaltung, die die Dinge in ihrer bedingten Natur sieht, wird nicht-unterscheidendes Verstehen genannt. Dieses Verstehen ist jenseits von Ansichten. Im Dhyana-Buddhismus gibt es einen Ausdruck, der diese Einsicht beschreibt: „Der Weg der Sprache wurde versperrt, der Pfad des Geistes wurde durchtrennt."

„Wahrheit wird nur im Leben und nicht in vorgeformtem Wissen gefunden." Wie üben wir das? „Beobachte zu jeder Zeit die Wirklichkeit in dir selbst und in der Welt." Das ist die buddhistische Antwort. Die ständige Beobachtung des Lebens ist die Praxis gemäß dem *Satipatthana-Sutra*. Dieses Sutra empfiehlt, unsere Achtsamkeit auf das zu lenken, was in unserem Körper, unseren Gefühlen, unserem Geist und in den Geistobjekten der Welt vorgeht. Diese Übung wird unsere Konzentration und unsere Einsicht entwickeln, damit wir die Wirklichkeit besser sehen können.

Dritte Regel:

„Zwinge niemandem, auch Kindern nicht, durch irgendwelche Mittel deine Meinungen oder Ansichten auf; weder durch Autorität, Drohung, Geld, Propaganda noch selbst durch Erziehung. Versuche aber anderen durch einfühlsamen Dialog zu helfen, auf Fanatismus und Engstirnigkeit zu verzichten."

(Schweigen)

Dies ist die dritte Regel des Ordens des Einsseins. Habt ihr sie während der vergangenen Woche studiert, geübt und beachtet?

(Glocke)

Auslegung der dritten Regel durch Thích Nhât Hanh:
Die dritte Regel handelt von der Freiheit des Denkens und damit vom Geist. Viele Eltern verstoßen gegen diese Regel, ohne es zu merken. Das Respektieren der Verschiedenheit anderer Menschen und ihrer Standpunkte ist eines der wesent-

lichen Merkmale des Buddhismus. Das *Kalama-Sutra* wird als eine der frühesten Urkunden der Meinungsfreiheit in der Geschichte des Denkens angesehen. In diesem Sutra diskutiert der Buddha mit einigen jungen Männern über das Problem, an wen oder was man glauben soll und welches die beste Lehre ist. Der Buddha sagt: „Es ist gut, Zweifel zu haben. Glaubt nicht an etwas, weil die Menschen viel darüber reden, oder weil es schon immer so war, oder weil es so in den Schriften steht ... Achtet darauf, ob es eurem Urteil widerspricht, ob es schädlich sein kann, ob es durch weise Menschen verurteilt wird, und vor alledem, ob es in der Praxis Zerstörung und Schmerz verursacht ... Alles, was ihr als schön betrachtet, was mit eurem Urteil übereinstimmt, was durch weise Menschen anerkannt wird und was im praktischen Leben Freude und Glück bringt, könnt ihr akzeptieren und ausüben."

Wie einem Objekt der Schatten folgt, so folgt die dritte Regel der zweiten, weil die Haltung der Offenheit und des Nicht-Anhaftens an Ansichten den Respekt für die Freiheit der anderen fördert. Freiheit ist eines der grundlegenden Menschenrechte, und zwar aller Menschen und nicht nur einiger von ihnen. Um die Freiheit der anderen respektieren zu können, sollten wir selbst uns vom Anhaften und Fanatismus befreien, so wie wir auch anderen dabei helfen sollten. Wie helfen wir anderen Menschen? „Durch mitfühlenden Dialog", sagt die Regel. Mitfühlender Dialog ist die Bedeutung gewaltfreien Handelns. Am Anfang wird der Dialog durch Reden aufgenommen – die Art von Rede, die sanft, einfühlsam und klug ist und die Herzen der Menschen berühren kann. Dann kann auch handeln folgen, indem sowohl moralischer wie auch sozialer Druck ausgeübt wird, um Menschen zu ändern. In beiden Fällen müssen Weisheit und Mitgefühl die Grundlage des Handelns sein. Ein Handeln, daß durch Wut oder Haß motiviert ist, kann nicht als gewaltfrei (*ahimsa*) angesehen werden.

Wenn wir Eltern sind, sollten wir uns darin üben, die Freiheit des Denkens unserer Kinder zu respektieren, selbst wenn sie noch sehr klein sind. Diese Übung wird uns helfen und uns viel von den Kindern lernen lassen. Menschliche Wesen unterscheiden sich voneinander in ihren Eigenheiten, ihren Fähigkeiten und in ihren Vorlieben. Wir sollten versuchen, offen zu sein, um unsere Kinder zu verstehen und dadurch vermeiden, ihnen unsere Meinung aufzuzwingen. Auch wenn die Blüten zum Baum gehören, unterscheiden sie sich von den Wurzeln, Blättern und Zweigen. Wir sollten Blüten Blüten sein lassen, Blätter Blätter und Zweige Zweige. Dann wird jedes seine Möglichkeiten voll entfalten.

Vierte Regel:

„Vermeide keine Begegnung mit dem Leiden und verschließe deine Augen nicht vor dem Leid. Verliere nicht die Bewußtheit für die Existenz des Leidens im Leben der Welt. Suche auf irgendeine Weise die Verbindung mit denen, die leiden; sei dies durch persönliche Kontakte und Besuche, Bilder, Töne. Öffne dich selbst und andere dadurch für die Wirklichkeit des Leidens in der Welt."

(Schweigen)

Dies ist die vierte Regel des Ordens des Einsseins. Habt ihr sie während der vergangenen Woche studiert, geübt und beachtet?

(Glocke)

Fünfte Regel:

„Häufe keinen Reichtum an, derweil Millionen hungern. Nimm als Ziel deines Lebens weder Ruhm, Gewinn, Reichtum noch sinnliches Vergnügen. Lebe einfach und teile Zeit, Energie und Materielles mit denen, die es brauchen."

(Schweigen)

Dies ist die fünfte Regel des Ordens des Einsseins. Habt ihr sie während der vergangenen Woche studiert, geübt und beachtet?

(Glocke)

Sechste Regel:

„Hege keine Wut und keinen Haß in dir. Lerne, sie zu durchdringen und umzuwandeln, solange sie noch Samen in deinem Bewußtsein sind. Sobald sie aufsteigen, wende deine Achtsamkeit auf deinen Atem, um den Ursprung deiner Wut und deines Hasses ebenso zu erkennen und zu verstehen wie das Wesen der Personen, die sie in dir hervorgerufen haben."

(Schweigen)

Dies ist die sechste Regel des Ordens des Einsseins. Habt ihr sie während der vergangenen Woche studiert, geübt und beachtet?

(Glocke)

Siebte Regel:

„Verliere dich nicht in Zerstreuung und in deiner Umgebung. Praktiziere achtsames Atmen und komme zurück in den gegenwärtigen Augenblick. Sei in Kontakt mit dem Wunderbaren, Erfrischenden und Heilenden in dir und um dich herum. Pflanze in dir selbst die Samen der Freude, des Friedens und des Verstehens, um die Arbeit der Umwandlung in den Tiefen deines Bewußtseins zu erleichtern."

(Schweigen)

Dies ist die siebte Regel des Ordens des Einsseins. Habt ihr sie während der vergangenen Woche studiert, geübt und beachtet?

(Glocke)

Achte Regel:

„Spreche keine Worte, die Zwietracht säen und die Gemeinschaft zerstören können. Alle Anstrengungen zur Versöhnung und Lösung der Konflikte sollten unternommen werden, wie klein sie auch immer sein mögen."

(Schweigen)

Dies ist die achte Regel des Ordens des Einsseins. Habt ihr sie während der vergangenen Woche studiert, geübt und beachtet?

(Glocke)

Neunte Regel:

„Sage weder aus Eigeninteresse noch um anderen zu imponieren unwahre Dinge. Sprich keine Worte, die Teilung und Haß verursachen. Verbreite keine Neuigkeiten, von denen du nicht weißt, daß sie richtig sind. Kritisiere oder verurteile keine Dinge, derer du dir nicht sicher bist. Rede immer wahrhaftig und aufbauend. Habe den Mut, Ungerechtigkeiten anzusprechen, selbst wenn dies deine eigene Sicherheit gefährden könnte."

(Schweigen)

Dies ist die neunte Regel des Ordens des Einsseins. Habt ihr sie während der vergangenen Woche studiert, geübt und beachtet?

(Glocke)

Zehnte Regel:

„Benutze die buddhistische Gemeinschaft nicht für persönlichen Nutzen oder Ziele, noch verwandle deine Gemeinschaft in eine politische Partei. Eine religiöse Gemeinschaft sollte dennoch einen klaren Standpunkt gegen Unterdrückung und Ungerechtigkeit einnehmen. Sie sollte danach streben, die Situation zu verändern, ohne sich in parteilichen Konflikten zu verlieren."

(Schweigen)

Dies ist die zehnte Regel des Ordens des Einsseins. Habt ihr sie während der vergangenen Woche studiert, geübt und beachtet?

(Glocke)

Elfte Regel:

„Übe keinen Beruf aus, der den Menschen und der Natur schadet. Investiere dein Geld nicht in Unternehmen, die anderen ihre Lebensmöglichkeiten rauben. Wähle einen Beruf, der hilft, dein Ideal des Mitgefühls zu verwirklichen."

(Schweigen)

Dies ist die elfte Regel des Ordens des Einsseins. Habt ihr sie während der vergangenen Woche studiert, geübt und beachtet?

(Glocke)

Zwölfte Regel:

„Töte nicht. Lasse nicht zu, daß andere töten. Tue dein Möglichstes, das Leben zu schützen und Krieg zu verhindern."

(Schweigen)

Dies ist die zwölfte Regel des Ordens des Einsseins. Habt ihr sie während der vergangenen Woche studiert, geübt und beachtet?

(Glocke)

Dreizehnte Regel:

„Besitze keine Dinge, die anderen gehören sollten. Respektiere das Eigentum der anderen, aber halte andere nach Möglichkeit davon ab, sich durch menschliches Leid zu bereichern."

(Schweigen)

Dies ist die dreizehnte Regel des Ordens des Einsseins. Habt ihr sie während der vergangenen Woche studiert, geübt und beachtet?

(Glocke)

Vierzehnte Regel:

„Mißhandele deinen Körper nicht. Lerne, ihn mit Achtung zu behandeln. Sieh deinen Körper nicht nur als ein Instrument an. Erhalte vitale Energien (sexuelle, Atem, Geist) für die Verwirklichung des Weges. Sexueller Ausdruck sollte nicht ohne Liebe und Verpflichtung erfolgen. Sei dir in sexuellen Beziehungen des zukünftigen Leides bewußt, das sie anderen bereiten könnten. Um das Glück der anderen zu erhalten, achte ihre Rechte und Bindungen. Sei dir voll der Verantwortung bewußt, die es bedeutet, neues Leben in die Welt zu bringen. Meditiere über die Welt, in die du neue Wesen bringst."

(Schweigen)

Dies ist die vierzehnte Regel des Ordens des Einsseins. Habt ihr sie während der vergangenen Woche studiert, geübt und beachtet?

(Glocke)

Brüder und Schwestern, ich habe die Regeln vorgelesen, wie es die Gemeinschaft gewünscht hat. Ich danken alle meinen Brüdern und Schwestern dafür, daß sie mir geholfen haben, dies in Sammlung zu tun. Bitte legt eure Hände aneinander und rezitiert jede Zeile des Schlußgesangs mit mir:

Das Rezitieren der Sutren, die Übung des Weges der Achtsamkeit
Sind von grenzenlosem Nutzen.

Ich gelobe, die Früchte mit allen Wesen zu teilen.

Ich gelobe, Eltern, Lehrer, Freunde und die vielen Wesen zu ehren,
Die auf dem Weg Anleitung und Unterstützung geben.

Der Diamant, der die Illusionen durchschneidet

Manche buddhistische Lehre, die den Menschen den rechten Weg weisen will, ist nicht ganz leicht zu verstehen, weil sie unseren gewohnten Denkmustern entgegenläuft. Man muß sie wieder und wieder lesen, um ihren Sinn zu begreifen. Das „Diamant-Sutra" gehört dazu. In seiner Einführung dazu schreibt Thích Nhât Hanh: „Brüder und Schwestern, bitte lest dieses Sutra – Der Diamant, der die Illusionen durchschneidet – mit einem klaren Geist, einem Geist, der frei ist von Ansichten. Stürzt euch nicht vorschnell auf die Kommentare, da sie euch sonst vielleicht zu sehr beeinflussen. Bitte lest zuerst das Sutra. Vielleicht seht ihr Dinge, die noch kein Kommentator gesehen hat. Lest, als würdet ihr es rezitieren; benutzt Körper und Geist, um mit den Worten in Berührung zu sein. Versucht, das Sutra aus euren eigenen Erfahrungen, eurem Leiden heraus zu verstehen. Es ist hilfreich, sich zu fragen: ‚Haben diese Lehren des Buddha irgend etwas mit meinem täglichen Leben zu tun?' Abstrakte Ideen können wunderschön sein, doch wenn sie mit unserem Leben nichts zu tun haben, welchen Nutzen haben sie dann? Fragt euch also: ‚Haben diese Worte irgend etwas damit zu tun, wie ich eine Mahlzeit zu mir nehme, meinen Tee trinke, wie ich Holz schneide oder Wasser trage?'

Der Name dieses Sutras ist Vajracchedika Prajñaparamita. *‚Vajracchedika' bedeutet der Diamant, der Leiden, Unwissenheit, Wahn und Illusionen durchschneidet. In China und Vietnam wird es im allgemeinen als Diamant-Sutra bezeichnet, und die Betonung liegt auf dem Wort ‚Diamant'; doch eigentlich ist der Begriff ‚durchschneiden' viel wichtiger.*

Diamant-Sutra

Und so beginnt das Vajracchedika Prajñaparamita:

„So habe ich gehört: Zu jener Zeit weilte der Buddha im Jetavana-Kloster im Park des Anathapindika in der Nähe von Sravasti; mit ihm waren 1250 Bhikkhus, vollordinierte Mönche.

Als an diesem Tag die Zeit der Almosenrunde gekommen war, legte der Buddha seine Mantelrobe an, nahm seine Schale und ging in die Stadt Sravasti. Dort schritt er von Haus zu Haus und bettelte um Almosen. Danach kehrte er zum Kloster zurück, um sein Mittagsmahl einzunehmen. Schließlich legte er seine Mantelrobe ab, stellte die Schale beiseite, wusch seine Füße, richtete sein Kissen und setzte sich nieder." ...

„Da erhob sich der Ehrwürdige Subhuti, entblößte seine rechte Schulter, beugte sein Knie zum Boden, legte ehrerbietig seine Handflächen zusammen und sprach zu dem Buddha: „Du von aller Welt Verehrter, äußerst selten nur begegnet man jemandem wie dir. Du gewährst den Bodhisattvas stets Unterstützung und zeigst dein besonderes Vertrauen zu ihnen.

Weltverehrter, wenn Söhne und Töchter aus guten Familien höchsten, vollkommen erwachten Geist zu erwecken suchen, auf was sollen sie sich stützen und was sollen sie tun, um ihr Denken zu beherrschen?"

Der Buddha antwortete: „Gut gesprochen, Subhuti! Was du gesagt hast, ist vollkommen richtig. Der Tathagata gewährt den Bodhisattvas fortwährend Unterstützung und zeigt sein besonderes Vertrauen zu ihnen. Bitte, höre nun zu, mit deiner ganzen Aufmerksamkeit, der Tathagata wird dir deine Frage beantworten. Wenn Töchter und Söhne aus guten Familien höchsten, vollkommen erwachten Geist zu erwecken suchen, so sollen sie sich auf das Folgende stützen und ihr Denken auf die folgende Weise zu beherrschen lernen."

Der Ehrwürdige Subhuti sagte: „Herr, wir sind glücklich, deine Lehren vernehmen zu können."

„Was meinst du, Subhuti, denkt ein In-den-Strom-Eingetretener: ‚Ich habe die Frucht des Stromeintritts erlangt'?"

Subhuti erwiderte: „Nein, Weltverehrter. Warum? Strom-Eintritt bedeutet in den Strom eintreten; aber in Wirklichkeit gibt es keinen Strom, in den einzutreten wäre. Man tritt in keinen Strom ein, der Form ist, noch in einen, der Klang, Geruch, Geschmack, Berührbares oder Objekt des Geistes ist. Das meinen wir, wenn wir von Strom-Eintritt sprechen."

„Was glaubst du, Subhuti, denkt ein Einmal-Wiederkehrender: ‚Ich habe die Frucht der Einmal-Wiederkehr erlangt'?"

Subhuti erwiderte: „Nein, Weltverehrter. Warum? Einmal-Wiederkehr bedeutet gehen und noch einmal wiederkehren; aber in Wirklichkeit gibt es kein Gehen, genau so wie es kein Wiederkehren gibt. Das meinen wir, wenn wir Einmal-Wiederkehrender sagen."

„Was glaubst du, Subhuti, denkt ein Nie-Wiederkehrender: ‚Ich habe die Frucht der Nie-Wiederkehr erlangt'?"

Subhuti erwiderte: „Nein, Weltverehrter. Warum? Nie-Wiederkehr bedeutet nicht in diese Welt zurückkehren; aber in Wirklichkeit kann es so etwas wie Nie-Wiederkehr nicht geben. Das meinen wir, wenn wir Nie-Wiederkehrender sagen."

„Was glaubst du, Subhuti, denkt ein Arhat: ‚Ich habe die Frucht der Arhatschaft erlangt'?"

Subhuti erwiderte: „Nein, Weltverehrter. Warum? Es gibt kein eigenständig existierendes Ding, das Arhatschaft genannt werden könnte. Wenn ein Arhat den Gedanken hegt, er habe die Frucht der Arhatschaft erlangt, dann ist er noch in die Vorstellung von einem Selbst, einer Person, einem Lebewesen und einer Lebensspanne verstrickt. Weltverehrter, du hast oft gesagt, daß ich die Konzentration erlangt habe, in Frieden zu verweilen, und daß ich innerhalb der Gemeinschaft der Arhat bin, der Verlangen und Begierden weitestgehend überwunden hat. Weltverehrter, würde ich selbst meinen, die Frucht der Arhatschaft erlangt zu haben, würdest du sicherlich nicht davon sprechen, wie gerne ich in der Konzentration des friedvollen Verweilens ruhe."

Und Nhât Hanh legt es aus:
„*Was meinst du, Subhuti, denkt ein In-den-Strom-Eingetretener: ,Ich habe die Frucht des Stromeintritts erlangt'?"
Subhuti erwiderte: „Nein, Weltverehrter. Warum? Strom-Eintritt bedeutet in den Strom eintreten; aber in Wirklichkeit gibt es keinen Strom, in den einzutreten wäre. Man tritt in keinen Strom ein, der Form ist, noch in einen, der Klang, Geruch, Geschmack, Berührbares oder Objekt des Geistes ist. Das meinen wir, wenn wir von Strom-Eintritt sprechen."*

Dem traditionellen Buddhismus zufolge ist der Strom-Eintritt die erste der vier Früchte der Praxis. Wirst du ein In-den-Strom-Eingetretener, bist du in den Strom des erwachten Geistes eingegangen, der stets in das Meer der Befreiung fließt. Ist dieser Strom ein Dharma, das unabhängig von anderen Dharmas existiert? Subhutis Antwort ist genau in der Sprache der Dialektik der Prajñaparamita gehalten.

„*Was glaubst du, Subhuti, denkt ein Einmal-Wiederkehrender: ,Ich habe die Frucht der Einmal-Wiederkehr erlangt'?"
Subhuti erwiderte: „Nein, Weltverehrter. Warum? Einmal-Wiederkehr bedeutet gehen und noch einmal wiederkehren; aber in Wirklichkeit gibt es kein Gehen, genau so wie es kein Wiederkehren gibt. Das meinen wir, wenn wir Einmal-Wiederkehrender sagen."*

Die Natur aller Dharmas ist weder kommen noch gehen. Es gibt keinen Ort im Raum, von dem sie kommen, und es gibt keinen Ort im Raum, zu dem sie gehen. Dharmas zeigen sich, wenn die Bedingungen ausreichend sind. Sind die Bedingungen unzureichend, sind sie verborgen. Das gilt in gleicher Weise für menschliche Wesen. Gemäß der traditionellen Definition ist ein Einmal-Wiederkehrender eine Person, die nach ihrem Tod noch ein einziges Mal in den Kreislauf von Geburt und Tod zurückkehrt und dann die Frucht der Arhatschaft (Keine Geburt, keinen Tod) verwirklicht. Doch in Wahrheit kommen wir von nirgendwoher und gehen nirgendwohin. Und darum sagen wir, daß eine solche Person ein Einmal-Wiederkehrender ist.

„Was glaubst du, Subhuti, denkt ein Nie-Wiederkehrender: ‚Ich habe die Frucht der Nie-Wiederkehr erlangt'?"

Subhuti erwiderte: „Nein, Weltverehrter. Warum? Nie-Wiederkehr bedeutet nicht in diese Welt zurückkehren; aber in Wirklichkeit kann es so etwas wie Nie-Wiederkehr nicht geben. Das meinen wir, wenn wir Nie-Wiederkehrender sagen."

Diejenigen, die die Frucht der Nie-Wiederkehr verwirklichen, kehren nach diesem Leben nicht mehr in diese Welt zurück. Es wird gesagt, sie gingen in eine andere Welt und praktizieren dort, bis sie die Frucht der Arhatschaft erreichen. Und abermals wendet Subhuti die Sprache der Dialektik der Prajñaparamita an. Er sagt, daß die Vorstellung von Wiederkehr bereits trügerisch ist, wieviel mehr dann noch die Vorstellung von Nie-Wiederkehr.

„Was glaubst du, Subhuti, denkt ein Arhat: ‚Ich habe die Frucht der Arhatschaft erlangt'?"

Subhuti erwiderte: „Nein, Weltverehrter. Warum? Es gibt kein eigenständig existierendes Ding, das Arhatschaft genannt werden könnte. Wenn ein Arhat den Gedanken hegt, er habe die Frucht der Arhatschaft erlangt, dann ist er noch in die Vorstellung von einem Selbst, einer Person, einem Lebewesen und einer Lebensspanne verstrickt. Weltverehrter, du hast oft gesagt, daß ich die Konzentration erlangt habe, in Frieden zu verweilen, und daß ich innerhalb der Gemeinschaft der Arhat bin, der Verlangen und Begierden weitestgehend überwunden hat. Weltverehrter, würde ich selbst meinen, die Frucht der Arhatschaft erlangt zu haben, würdest du sicherlich nicht davon sprechen, wie gerne ich in der Konzentration des friedvollen Verweilens ruhe."

Arana bedeutet die Abwesenheit von Kampf. Subhuti ist innerhalb der Gemeinschaft des Buddha als derjenige bekannt, der es genießt, in der Übung des *arana*, des friedvollen Verweilens, zu ruhen. Er hat keinerlei Wunsch, sich mit anderen zu messen. Er wird als Arhat betrachtet, der alles Leiden und alle Begierden überwunden hat. Weil Subhuti nicht in die Vorstellung verstrickt ist, er habe die Frucht der Arhatschaft erlangt, ist er wirklich ein Arhat. In Plum Village essen wir vegetarisch, ohne daß wir uns als Vegetarier bezeichnen. Das ist die Essenz des Nicht-Handelns oder der Nicht-Form. Weil Subhuti Nicht-Handeln praktiziert, lobt der Weltverehrte ihn als einen Schüler, der es liebt, in Frieden zu verweilen.

Der Buddha fragte Subhuti: „In alten Zeiten, als der Tathagata unter dem Buddha Dipankara übte, hat er da irgend etwas erlangt?"

Subhuti antwortete: „Nein, Weltverehrter. In alten Zeiten, als der Tathagata unter dem Buddha Dipankara übte, da erlangte er nichts."

„Was meinst du, Subhuti, schafft ein Bodhisattva ein harmonisches, schönes Buddha-Feld?"

„Nein, Weltverehrter. Warum? Ein harmonisches, schönes Buddha-Feld schaffen bedeutet in Wirklichkeit nicht ein harmonisches, schönes Buddha-Feld schaffen. Und darum nennt man es: ein harmonisches, schönes Buddha-Feld schaffen."

Der Buddha sagte: „In diesem Geiste, Subhuti, sollten alle Bodhisattva-Mahasattvas ihren reinen, klaren Vorsatz fassen. Wenn sie diesen Vorsatz fassen, sollten sie sich dabei nicht auf Form, Klang, Geruch, Geschmack, Berührbares oder Geistesobjekt stützen. Sie sollten einen Vorsatz fassen aus einem Geist heraus, der nirgendwo verweilt.

Subhuti, angenommen, da ist ein Mann, dessen Körper so groß wie der Berg Sumeru ist. Würdest du seinen Körper als groß bezeichnen?"

Subhuti antwortete: „Ja, Weltverehrter, als sehr groß. Warum? Was der Tathagata meint, ist nicht ein großer Körper, der als großer Körper bekannt ist."

Und Nhât Hanh legt es aus:
Der Buddha fragte Subhuti: „In alten Zeiten, als der Tathagata unter dem Buddha Dipankara übte, hat er da irgend etwas erlangt?"

Subhuti antwortete: „Nein, Weltverehrter. In alten Zeiten, als der Tathagata unter dem Buddha Dipankara übte, da erlangte er nichts."

„Was meinst du, Subhuti, schafft ein Bodhisattva ein harmonisches, schönes Buddha-Feld?"

„Nein, Weltverehrter. Warum? Ein harmonisches, schönes Buddha-Feld schaffen bedeutet in Wirklichkeit nicht ein harmonisches, schönes Buddha-Feld schaffen. Und darum nennt man es: ein harmonisches, schönes Buddha-Feld schaffen."

Mit dem Erlangen der Erleuchtung öffnen alle Buddhas und Bodhisattvas eine neue Welt für die Menschen auf dem Pfad der Verwirklichung, die mit ihnen lernen und üben wollen. Jeder Buddha schafft ein Reines Land als ein Übungszentrum. Ein Reines Land ist ein frischer, wunderschöner Ort, wo die Menschen glücklich und friedvoll sein können. Ein Reines Land schaffen heißt „ein harmonisches, schönes Buddha-Feld schaffen". Lehrer und Lehrerinnen arbeiten gemeinsam mit ihren Schülern und Schülerinnen daran, diesen Ort zu einem angenehmen, freundlichen, erholsamen und schönen Ort zu machen, damit viele Menschen ihn aufsuchen und dort leben und praktizieren können. Je größer die Kraft ihres Erwachens und ihres Friedens ist, desto angenehmer ist ihr Reines Land.

Amitabha Buddha hat ein Reines Land im Westlichen Paradies. Akshobhya Buddha hat einen Ort, der Wunderbare Freude genannt wird. Nachdem ihr eine Weile praktiziert und ein gewisses Maß an Einsicht und Frieden gewonnen habt, möchtet ihr dies vielleicht mit anderen teilen und gründet eine kleine Übungsgemeinschaft. Doch sollte das stets im Geist der Nicht-Form geschehen. Klammert euch nicht an das Übungszentrum, das ihr errichtet. „Ein harmonisches, schönes Buddha-Feld schaffen bedeutet in Wirklichkeit nicht ein harmonisches, schönes Buddha-Feld schaffen."

Das bedeutet, es im Geist der Nicht-Form zu tun. Laßt euch nicht von eurem Buddha-Feld auffressen, sonst werdet ihr leiden. Achtet darauf, euch bei der Gestaltung und Errichtung des Übungszentrum nicht völlig zu verausgaben.

Der Buddha sagte: „In diesem Geiste, Subhuti, sollten alle Bodhisattva-Mahasattvas ihren reinen, klaren Vorsatz fassen. Wenn sie diesen Vorsatz fassen, sollten sie sich dabei nicht auf Form, Klang, Geruch, Geschmack, Berührbares oder Geistesobjekt stützen. Sie sollten einen Vorsatz fassen aus einem Geist heraus, der nirgendwo verweilt.

Nirgendwo verweilen bedeutet sich auf nichts stützen. Einen Vorsatz fassen bedeutet den Willen und Wunsch haben, höchstes Erwachen zu erlangen. Sich auf Formen, Klänge, Gerüche, Geschmack, Berührbares und Objekte des Geistes stützen bedeutet sich in Wahrnehmungen, Vorstellungen und Begriffe verstricken. Subhutis erste Frage an den Buddha im zweiten Teil lautete: „Wenn Söhne und Töchter aus guten Familien höchsten, vollkommen erwachten Geist zu erwecken suchen, auf was sollen sie sich stützen und was sollen sie tun, um ihr Denken zu beherrschen?" Dieser Abschnitt ist die Antwort des Buddha auf die Frage Subhutis.

Subhuti, angenommen, da ist ein Mann, dessen Körper so groß wie der Berg Sumeru ist. Würdest du seinen Körper als groß bezeichnen?"

Subhuti antwortete: „Ja, Weltverehrter, als sehr groß. Warum? Was der Tathagata meint, ist nicht ein großer Körper, der als großer Körper bekannt ist."

Das Wort „Körper" ist hier eine Übersetzung des Sanskrit-Wortes *atmabhava*, nicht des Wortes *kaya*. Der Berg Sumeru ist der König aller Berge. Auch in diesem Abschnitt verwenden Lehrer und Schüler die Sprache der Dialektik der Prajñaparamita. Fragt der Buddha: „Würdest du sagen, daß dies ein großer Körper sei?" ist die Antwort des Subhuti: „Sehr groß", denn er versteht die Sprache des Buddha sehr genau. Er weiß, daß der Buddha von „groß" spricht, weil er frei ist von den Begriffen „groß" und „klein". Ist uns bewußt, wie der Buddha die Worte benutzt, so werden wir uns von keinem einzigen mehr verwirren lassen. Der Lehrer ist wichtig, die Leiterin des Meditationszentrums ist wichtig, doch wenn die Vorstellung von Wichtigkeit ein Hindernis für die Lehre und die

Übung wird, dann wird die Bedeutung dieser Personen verlorengehen.

Subhuti fragte den Buddha: „Weltverehrter, ist der höchste, vollkommen erwachte Geist, den der Buddha erlangt hat, das Nicht-Erlangbare?"
Der Buddha sagte: „Das ist richtig, Subhuti. Bezüglich des höchsten, vollkommen erwachten Geistes habe ich überhaupt nichts erlangt. Und darum wird er der höchste, vollkommen erwachte Geist genannt."

Wir begegnen hier dem Begriff des Nicht-Erlangbaren. Glauben wir, der Buddha habe ein unabhängig Existierendes erlangt, dann kann dieses Erlangte nicht höchster, vollkommen erwachter Geist genannt werden. In dem Augenblick, in dem die Vorstellung von einem höchsten, vollkommen erwachten Geist entsteht, da entschwindet der höchste, vollkommen erwachte Geist. Darum sagt der Buddha: „Ich habe nichts erlangt." Vor vielen Jahre schrieb ich ein Gedicht über eine Sonnenblume. Die Sonnenblume ist Prajñaparamita, die vollkommene Weisheit.

> Komm, meine Liebe, mit deinen unschuldigen Augen,
> betrachte das klare, blaue Meer des Dharmakaya.
> Selbst wenn die Welt in Stücke bricht,
> dein Lächeln wird nie verlöschen.
> Was gewann ich gestern?
> Und was werde ich morgen verlieren?
> Komm, meine Liebe,
> mit meinem Finger zeige ich
> auf die Welt voller Trugbilder.
> Da die Sonnenblume bereits da ist,
> wenden sich ihr alle Blumen zu,
> um sie zu betrachten.

„Subhuti, sage nicht, der Tathagata hege die Vorstellung: ‚Ich will die Lebewesen zum Ufer der Befreiung bringen'. Denke nicht in dieser Weise, Subhuti. Warum? In Wirklichkeit gibt es für den Tathagata kein einziges Wesen, das zum anderen Ufer

zu bringen wäre. Würde der Tathagata meinen, daß es ein solches Wesen gebe, so wäre er der Vorstellung von einem Selbst, einer Person, einem Lebewesen oder einer Lebensspanne verhaftet.

„*Subhuti, das, was der Tathagata ein Selbst nennt, hat seinem Wesen nach kein Selbst in dem Sinne, in dem gewöhnliche Menschen denken, daß es ein Selbst gebe. Subhuti, für den Tathagata ist niemand ein gewöhnlicher Mensch. Und darum kann er sie gewöhnliche Menschen nennen.*"

Und Nhât Hanh legt es aus:
„*Subhuti, sage nicht, der Tathagata hege die Vorstellung: ‚Ich will die Lebewesen zum Ufer der Befreiung bringen'. Denke nicht in dieser Weise, Subhuti. Warum? In Wirklichkeit gibt es für den Tathagata kein einziges Wesen, das zum anderen Ufer zu bringen wäre. Würde der Tathagata meinen, daß es ein solches Wesen gebe, so wäre er der Vorstellung von einem Selbst, einer Person, einem Lebewesen oder einer Lebensspanne verhaftet.*

Einsicht bedarf des Nachdenkens, der Reflexion. Im Sutra über den Diamant, der die Illusion durchschneidet, finden sich viele Wiederholungen, ähnlich der obigen, und je öfter wir dieses Sutra lesen oder rezitieren, desto tiefer dringen wir zu seiner profunden Bedeutung vor. Lesen wir es nur einmal, meinen wir vielleicht, alles zu verstehen, doch das kann gefährlich sein. Ein Sutra lesen ist so, als würden wir jemanden massieren. Wir brauchen Zeit und Energie, um Erfolg zu haben.

Der Tathagata benutzt Worte und Begriffe in derselben Weise, wie andere dies tun – eine Blume ist eine Blume, Abfall ist Abfall, Erwachen ist Erwachen, Täuschung ist Täuschung, Leiden ist Leiden –, doch der Tathagata verstrickt sich nicht in Worte oder Begriffe. Wir dagegen haben die Neigung, all diese Dinge als feste, starre Entitäten zu betrachten und uns in unseren Ansichten zu verfangen. Deshalb benutzt der Tathagata eine Sprache, die uns helfen kann, die Dinge genau und eingehend zu betrachten, so daß wir allmählich befreit werden.

Manchmal spricht der Buddha so, als gäbe es ein Selbst. Er

fragt zum Beispiel: „Ananda, möchtest du gern mit mir zum Geiergipfel hinaufsteigen?" Benutzt er das Wort ‚Ananda', so benutzt er die Vorstellung von einer Person. In dem Satz „Möchtest du gerne mit mir zum Geiergipfel hinaufsteigen?" wird Gebrauch von der Vorstellung von einem Selbst gemacht. Aber obwohl der Tathagata Worte und Vorstellungen benutzt wie andere auch, ist er doch diesen Worten und Vorstellungen nicht verhaftet.

„Subhuti, das, was der Tathagata ein Selbst nennt, hat seinem Wesen nach kein Selbst in dem Sinne, in dem gewöhnliche Menschen denken, daß es ein Selbst gebe. Subhuti, für den Tathagata ist niemand ein gewöhnlicher Mensch. Und darum kann er sie gewöhnliche Menschen nennen."

Das ist ein sehr tiefgründiger, sehr schöner Satz. Ein Mensch wird ein gewöhnlicher Mensch genannt und ist doch gleichzeitig ein Buddha. Nennt man ihn gewöhnlicher Mensch, so wird damit keineswegs der Buddha herablassend betrachtet. Das Wort Buddha sprechen wir mit Respekt und Bewunderung aus. Wir stellen uns niemals vor, daß da ein unreines Element im Körper eines Buddha oder Bodhisattva sein könnte, denn wir wollen nicht respektlos sein. Doch die Lehren der Prajñaparamita besagen, daß auch die fünf Daseinsgruppen des Buddha organischer Natur sind. Der Buddha besteht aus Nicht-Buddha-Elementen. Das Reine besteht aus dem Unreinen.

Im Buddhismus wird Nicht-Dualität als das wesentliche Merkmal der Liebe bezeichnet. In der Liebe sind die Person, die liebt, und die, die geliebt wird, nicht zwei. Liebe hat ein organisches Merkmal. Im Lichte der wechselseitigen Durchdringung und des Einsseins müssen alle Probleme der Welt und der Menschheit in Übereinstimmung mit den Grundsätzen der organischen Liebe und der nicht-dualistischen Weisheit gelöst werden. Diese Grundsätze können angewandt werden, um die Probleme im mittleren Osten und in der früheren Sowjetunion zu lösen. Das Leiden der einen Seite ist auch das Leiden der anderen Seite. Die Fehler der einen Seite sind auch die Fehler der anderen Seite. Ist eine Seite voller Wut, muß die andere

Seite leiden und umgekehrt. Diese Grundsätze können auch angewandt werden, um unsere Umweltprobleme zu lösen, zum Beispiel den Treibhauseffekt und das Schwinden der Ozonschicht. Flüsse, Meere, Wälder, Berge, Erde und Steine – sie alle sind unser Körper. Das ist organische, nicht-dualistische Weise des Buddhismus, Konflikte, Umwelt und Liebe zu betrachten.

Und so endet das Vajracchedika:
„Subhuti, wenn jemand als Akt der Freigebigkeit eine unermeßliche Menge der sieben Schätze opfern würde, um die Welten, die so unendlich wie der Raum sind, damit zu füllen, so wäre das Glück, das diesem tugendhaften Handeln entspringt, nicht so groß wie das Glück, das von einer Tochter oder einem Sohn aus guter Familie herrührt, die oder der den erwachten Geist in sich erweckt, dieses Sutra liest, rezitiert, versteht, in die Praxis umsetzt und anderen erklärt – und sei es nur eine Gatha von vier Zeilen. In welchem Geist ist diese Erklärung zu geben? Ohne sich in Zeichen zu verstricken, gemäß den Dingen, so wie sie sind, und ohne Aufgeregtheit. Warum?"

> *Alle zusammengesetzten Dinge sind wie ein Traum,*
> *ein Phantom, ein Tautropfen, ein Blitz.*
> *So meditiert man über sie,*
> *so betrachtet man sie.*

Nachdem der Ehrwürdige Subhuti, die Bhikkhus und Bhikkhunis, Laienanhänger und Laienanhängerinnen, Götter und Asuras die Rede des Buddha vernommen hatten, waren sie alle voller Freude und Vertrauen und verpflichteten sich, diese Lehren in die Praxis umzusetzen.

Und Nhât Hanh legt es aus:
„Subhuti, wenn jemand als Akt der Freigebigkeit eine unermeßliche Menge der sieben Schätze opfern würde, um die Welten, die so unendlich wie der Raum sind, damit zu füllen, so wäre das Glück, das diesem tugendhaften Handeln entspringt, nicht so groß wie das Glück, das von einer Tochter oder einem Sohn aus guter Familie herrührt, die oder der den erwachten Geist in sich erweckt, dieses Sutra liest, rezitiert, versteht, in

die Praxis umsetzt und anderen erklärt – und sei es nur eine Gatha von vier Zeilen. In welchem Geist ist diese Erklärung zu geben? Ohne sich in Zeichen zu verstricken, gemäß den Dingen, so wie sie sind, und ohne Aufgeregtheit. Warum?

Der Buddha erläutert hier, wie wir dieses Sutra anderen näherbringen können. Er sagt, daß wir es erklären sollen gemäß der Art und Weise, wie die Dinge sind, wir sollen die Zuhörerinnen und Zuhörer nicht darin unterstützen, sich in Zeichen zu verstricken. Wir sollen, so fügt er hinzu, ruhig bleiben und nicht aufgeregt sein, wenn wir lehren.

Beobachten wir eine Person, die uns dieses Sutra vermittelt, können wir normalerweise ganz genau sagen, ob sie es im Geist der Zeichenlosigkeit tut. Wir können hören oder spüren, ob die Erklärungen von der Idee getragen wird: „Ich bin die Person, die dieses Sutra lehrt, und du bist die, die zuhört." So können wir sagen, in welchem Ausmaß der oder die Lehrende noch in die Vorstellungen von einem Selbst, einer Person, einem Lebewesen und einer Lebensspanne verstrickt ist. Ist er oder sie noch sehr stark in diesen vier Vorstellungen verfangen, so kann seine oder ihre Einsicht in das Diamant-Sutra keine authentische sein.

Um das Diamant-Sutra zu erläutern, muß der oder die Lehrende in Berührung sein mit der Soheit, mit der Natur der Nicht-Dualität, mit der Wahrheit, die nicht beschrieben werden kann. Mit der Soheit in Berührung sein ist wie das Ausheben eines Brunnens bis zu dem Punkt, an dem sich das Wasser von selbst seinen Weg bahnt. Können wir dann direkt aus dem Brunnen der Weisheit trinken, sind wir nicht mehr von den Begriffen „Selbst", „Person", „Lebewesen" oder „Lebensspanne" gefangen. Erkennen wir, daß jemand frei von diesen Zeichen ist – auch wenn es noch nicht ganz vollständig sein mag –, wissen wir, daß seine oder ihre Belehrung authentisch ist. Und wird solch ein Lehrender kritisiert oder beschuldigt, das Sutra falsch zu erklären, so wird er oder sie zufrieden und ruhig bleiben ohne ein Zeichen des Ärgers oder der Aufregung.

Am Ende des Diamant-Sutra gibt der Buddha uns noch die folgende Gatha:

> Alle zusammengesetzten Dinge sind wie ein Traum,
> ein Phantom, ein Tautropfen, ein Blitz.
> So meditiert man über sie,
> so betrachtet man sie.

Zusammengesetzte Dinge sind alle Objekte des Geistes, die den Prinzipien des anhängigen Entstehens zufolge dazu bestimmt sind, zu entstehen, für eine Weile zu existieren und dann zu verschwinden. Alles im Leben scheint diesem Muster zu folgen, und obwohl die Dinge uns wirklich erscheinen, sind sie tatsächlich eher wie Dinge, die ein Magier hervorzaubert. Wir können sie deutlich sehen und hören, aber sie sind nicht wirklich das, was sie zu sein scheinen. Wir können das Bild einer Luftblase, *timira* in Sanskrit, benutzen, um die Erscheinungen zu beschreiben. Oder denken wir an die vielen Sterne, die wir sehen, wenn wir unsere Augen kräftig reiben; wir können meinen, diese Sterne seien wirklich, aber sie sind es nicht.

Nachdem wir diesen Vers gelesen haben, glauben wir vielleicht, der Buddha habe gesagt, alle Dinge seien unbeständig – so wie Wolken, Rauch oder ein Blitz. Der Buddha sagt: „Alle Dharmas sind unbeständig", aber er sagt nicht, daß sie nicht da sind. Er will nur, daß wir die Dinge sehen, wie sie sind. Wir meinen vielleicht, daß wir die Wirklichkeit bereits erfaßt hätten, doch tatsächlich greifen wir nur nach ihren flüchtigen Bildern. Betrachten wir die Dinge genau und eingehend, werden wir uns von Täuschung befreien können.

Wir können sogar wissenschaftliche Forschung heranziehen, um manche Sätze dieses Sutras bis zu einem gewissen Grad zu beweisen. Ein Tisch, der uns fest und wirklich erscheint, ist nur Raum und Elektronen, die sich wie ein Bienenschwarm mit fast Lichtgeschwindigkeit bewegen. Atomwissenschaftler haben gesagt, daß ihnen unsere gewöhnlichen, alltäglichen Wahrnehmungen komisch erscheinen, wenn sie sich mit der Welt der subatomaren Teilchen befassen. Doch des ungeachtet lebt ein Physiker sein ganz normales Leben, so wie andere Menschen auch. Er trinkt Tee und ißt Brot wie wir, obwohl er weiß, daß dieses Stück Brot hauptsächlich aus Raum und sehr winzigen Materieteilchen besteht. Dasselbe gilt für den Buddha. Der Buddha weiß, daß alle Dinge wie ein Traum, ein Phantom, eine Luftblase, ein Blitz sind, aber er lebt sein ganz normales Leben. Er ißt und er trinkt. Der einzige Unterschied ist, daß der Buddha sein Leben im Geist der Zeichenlosigkeit und des Nicht-Anhaftens lebt.

Nachdem der Ehrwürdige Subhuti, die Bhikkhus und Bhikkhunis, Laienanhänger und Laienanhängerinnen, Götter und Asuras die Rede des Buddha vernommen hatten, waren sie alle voller Freude und Vertrauen und verpflichteten sich, diese Lehren in die Praxis umzusetzen.

Das Diamant-Sutra zu rezitieren ist eine der zahlreichen Methoden, es zu praktizieren und zu befolgen. Abends könnt ihr euch still niedersetzen und dieses Sutra rezitieren. Rezitation ist eine Möglichkeit, die Samen unserer Weisheit zu wässern, die tief am Grund unseres Geistes liegen. Werden diese Samen nur selten gegossen, werden sie vertrocknen. Wässert man sie dagegen häufig, werden sie keimen und sich entwickeln. Gelegentlich, in völlig unerwarteten Augenblicken, werdet ihr dann zu einer starken, tiefgreifenden Erkenntnis gelangen. Laßt euch nicht von den Wiederholungen im Gespräch zwischen dem Buddha und Subhuti beirren. Das sind Worte, die wir während unseres ganzen Lebens wiederholen müssen. Es sind Lieder, die oft gesungen werden müssen. Je öfter wir sie singen, desto tiefer werden wir von ihrer Bedeutung durchdrungen...

> Die Sutras rezitieren,
> den Weg der Bewußtheit gehen,
> bewirkt Segen ohne Ende.
> Wir geloben, die Früchte mit allen Wesen zu teilen.
> Wir geloben, Eltern, Lehrern, Freunden
> und zahlreichen Wesen,
> die uns anleiten und uns Unterstützung auf
>   dem Pfad gewähren,
> Hochachtung zu bezeigen.

Quellenverzeichnis

Die Quellen sind folgenden Büchern Thích Nhât Hanhs entnommen, die im Verlag Theseus erschienen sind:

1. Die Entdeckung des Großen Pfades, aus:

Alter Pfad, Weisse Wolken, 1992,
Seite 27–32, 40–44, 120–127, 133–134

2. Der Weg der Achtsamkeit, aus:

Das Wunder der Achtsamkeit, 1988, Seite 17–28; 69–86

3. Bewußt einatmen – bewußt ausatmen, aus:

Das Sutra des bewußten Atmens,
Kommentare zu dem Anapanasati Sutra, 1988,
Seite 12–16, 55–58, 69–75

4. Frieden finden in der Sonne des Herzens, aus:

Die Sonne, mein Herz, 1989, 2. Auflage 1993,
Seite 18–22, 75–81;
Innerer Friede – Äußerer Friede, 1988,
Seite 58, 59

5. Umarme deine Wut, aus:

Umarme deine Wut, 1992, Seite 97–106

6. Unsere Verabredung mit dem Leben, aus:

Unsere Verabredung mit dem Leben.
Das Sutra der Kenntnis des besseren Weges, allein zu leben;
Das Sutra der acht Verwirklichungen der großen Wesen, 1991,
Seite 24–25, 37–40, 45–50

7. Mit dem Herzen verstehen, aus:

Mit dem Herzen verstehen.
Kommentare zu dem Prajñaparamita Herz Sutra, 1990,
Seite 17–18, 49–57, 31–34

8. Friedensarbeit, aus:

Innerer Friede – Äußerer Friede, 1993, Seite 63–75

9. Loslassen und einssein, aus:

Einssein, 1991, Seite 32–42; 81–89

10. Der Diamant, der die Illusionen zerschneidet, aus:

Das Diamant-Sutra.
Kommentare zum Prajñaparamita Diamant-Sutra, 1993,
Seite 11–12, 81–86, 134–138.

Anschriften

Informationen über Thích Nhât Hanhs Aktivitäten sind über folgende Adresse erhältlich:

Plum Village, Meyrac,
Loubès Bernac, F-47120 Duras

Gemeinschaft für achtsames Leben e.V.,
Karl Schmied, Postfach 60, D-83730 Fischbachau

Zenklausen in der Eifel,
Judith Bossert, Huffertsheck, D-54619 Lautzerath

Bücher von Thich Nhat Hanh
im Theseus Verlag

Der Klang des Bodhibaums
Zeremonien, Verse, Sutren   ISBN 3-89620-069-0

Alter Pfad - Weiße Wolken
Leben und Werk des Gautama Buddha   ISBN 3-89620-059-3

Das Diamant-Sutra
Kommentare zum Prajnaparamita Diamant-Sutra   ISBN 3-89620-066-6

Donnerndes Schweigen
Das Sutra über die Kenntnis vom besseren Weg,
eine Schlange zu fangen   ISBN 3-89620-073-9

Einssein
Kommentare zu den Tiep Hien Regeln   ISBN 3-89620-054-2

Innerer Friede - Äußerer Friede   ISBN 3-89620-019-4

Mit dem Herzen verstehen
Kommentare zum Prajnaparamita Herz Sutra   ISBN 3-89620-028-3

Die Sonne mein Herz   ISBN 3-89620-026-7

Das Sutra des bewußten Atmens
Kommentare zum Anapanasati Sutra   ISBN 3-89620-030-5

Über die Worte Buddhas
Kommentare zu sechs wesentlichen Sutras   ISBN 3-89620-074-7

Umarme deine Wut
Das Sutra der vier Verankerungen der Achtsamkeit   ISBN 3-89620-056-9

Unsere Verabredung mit dem Leben
Buddhas Lehre vom Leben im
gegenwärtigen Augenblick   ISBN 3-89620-053-4

Das Wunder der Achtsamkeit   ISBN 3-89620-021-6

Diese Bücher erhalten Sie in Ihrer Buchhandlung!

Theseus Verlag
Ein Verlag der Dornier Verlagsgruppe
Weydingerstr. 14-16, D-19178 Berlin

Dem Buddhismus begegnen

Benjamin Radcliff /
Amy Radcliff
Zen denken
Ein anderer Weg zur
Erleuchtung
Band 4396

Geshe Thubten Ngawang
**Genügsamkeit und
Nichtverletzen**
Natur und spirituelle
Entwicklung im tibetischen
Buddhismus
Mit Beiträgen des Dalai Lama
Hrsg. von B. Stratmann
Band 4356

Geshe Rabten
**Das Buch vom heilsamen
Leben, vom Tod und der
Wiedergeburt**
Der Befreiungsweg im
tibetischen Buddhismus
Vorwort Dalai Lama
Band 4335

Amadeo Solé-Leris
**Die Meditation, die der
Buddha selber lehrte**
Wie man Ruhe und Klarblick
gewinnen kann
Band 4316

Dalai Lama
**Sehnsucht nach dem
Wesentlichen**
Die Gespräche in Bodhgaya
Band 42

Hugo M. Enomiya-Lassalle
Zen – Weg zur Erleuchtung
Einführung und Anleitung
Band 4121

Daisetz Teitaro Suzuki
**Wesen und Sinn des
Buddhismus**
Ur-Erfahrung und Ur-Wissen
Band 4197

Katsuki Sekida
Zen-Training
Das große Buch über Praxis,
Methoden, Hintergründe
Band 4184

Dalai Lama
**Einführung in den
Buddhismus**
Die Harvard-Vorlesungen
Band 4148

Die Reden des Buddha
Lehre, Verse, Erzählungen
Band 4112

HERDER / SPEKTRUM

Leben ist mehr

Leben ist mehr
Das Lebenswissen der
Religionen und die Frage nach
dem Sinn des Lebens
Hrsg. von Rudolf Walter.
Mit einem Vorwort von Carl
Friedrich von Weizsäcker
Band 4470

Ruth Pfau
**Verrückter kann man gar
nicht leben**
Ärztin, Nonne, Powerfrau
Band 4436

Karlfried Graf Dürckheim
Meditieren – wozu und wie
Band 4158

Johannes vom Kreuz
Die dunkle Nacht
Vollständige Neuübersetzung
**Hrsg. und übersetzt von
U. Dobhan, E. Hense und
E. Peters**
Band 4374

Martin Luther King
**Mein Traum vom Ende des
Hassens**
Texte für heute
Band 4318

Anthony de Mello
Zeiten des Glücks
Hrsg. von Anton Lichtenauer
Band 4330

Erich Fromm
**Leben zwischen Haben und
Sein**
Hrsg. von Rainer Funk
Band 4208

Eugen Drewermann/
Friedrich Schorlemmer
Tod oder Leben
Vom Sinn und Unsinn des
Gottesglaubens
Hrsg. von Michael Albus
Band 4381

Hugo M. Enomiya-Lassalle
**Erleuchtung ist erst der
Anfang**
Texte zum Nachdenken
Hrsg. von Gerhard Wehr
Band 4048

Elie Wiesel
Den Frieden feiern
Mit einer Vorrede von
Václav Havel
Band 4019

HERDER / SPEKTRUM

Faszination der östlichen Kultur

Annemarie Schimmel
Al-Halladsch – „O Leute, rettet mich vor Gott"
Texte islamischer Mystik
Band 4454

Dalai Lama
Mitgefühl und Weisheit
Ein großer Mensch im Gespräch mit
Felizitas von Schönborn
Band 4288

Emma Brunner-Traut
Die Stifter der großen Religionen
Echnaton, Zarathustra, Mose, Jesus, Mani, Muhammad, Buddha, Konfuzius, Lao-tse
Band 4254

Helena Norberg-Hodge
Leben in Ladakh
Mit einem Vorwort des
Dalai Lama
Band 4204

Wolfgang G. A. Schmidt
Die alte Heilkunst der Chinesen
Ihre Kultur und ihre Anwendung
Band 4136

Li Zehou
Der Weg des Schönen
Geschichte der chinesischen Kultur und Ästhetik
Hrsg. von Karlheinz Pohl und Gudrun Wacker
Band 4114

Die Bhagavadgita
In der Übertragung von
Sri Aurobindo
Mit einer Einführung von
Anand Nayak
Band 4106

Dalai Lama
Zeiten des Friedens
Band 4065

Annemarie Schimmel
Die orientalische Katze
Mystik und Poesie des Orients
Band 4033

Die fünf großen Weltreligionen
Islam, Judentum, Buddhismus, Hinduismus, Christentum
Herausgegeben von
Emma Brunner-Traut
Band 4006

HERDER / SPEKTRUM